NOTA INTRODUTTIVA

Questo libro raccoglie due testi. Il primo (*Il senso religioso*) propone appunti stesi dai primi miei scolari al liceo Berchet di Milano (1954-60 circa) durante il tentativo di ridare ragione e vita ad una «scuola di religione». Sinteticamente si identifica nel senso religioso l'essenza stessa della razionalità e la radice della coscienza umana. Il cristianesimo ha a che fare con il senso religioso proprio perché si propone come risposta imprevedibile al desiderio dell'uomo di vivere scoprendo e amando il proprio destino e perciò anche come risposta ragionevole.

Il secondo testo (*La coscienza religiosa nell'uomo moderno*), concepito vent'anni dopo, cerca innanzitutto di individuare, nella presente situazione culturale e sociale, gli aspetti che frenano una coscienza religiosa autentica e, in secondo luogo, l'atteggiamento del cristianesimo di fronte a tale fatto.

Viviamo un tempo ove ciò che viene chiamato cristianesimo sembra essere un oggetto conosciuto e dimenticato. Conosciuto, perché molte sono le sue tracce nella storia e nella educazione dei popoli. Eppure dimenticato, perché il contenuto del suo messaggio sembra difficilmente avere a che fare con la vita della maggior parte degli uomini. Spesso viene ridotto a una tra le filosofie o tra le religioni. Si dà per scontato di conoscere la natura del cristianesimo solo perché si conoscono una serie di pensieri, di riti o di costumi che in esso hanno la loro radice.

Dinanzi a questa constatazione risulta ancor più illusorio pensare di riscoprire ciò che è il cristianesimo attraverso un pur serio esame della sua storia, o attraverso la lettura diretta dei Vangeli, come fossero libri da cui attingere «motti» e notizie. Eppure, che cosa sia il fatto dell'Incarnazione si comunica, oggi come duemila anni fa, attraverso un incontro umano che rende contemporanei ad esso, come avvenne per Giovanni e Andrea, i primi due che incontrarono Gesù e restarono con Lui. E dopo di loro, attraverso di loro, un flusso continuo di uomini e donne fino a noi.

Questo è un tempo in cui si parla spesso di rinascita religiosa. Ma essa è valutata e discussa in modo tale che non sembra essere favorita una reale comprensione di cosa sia «il senso religioso», cioè quel fattore umano costituito dalle domande e dalle esigenze ultime che pongono la persona in rapporto al suo destino. Sembra, cioè, prevalere una riduzione di tipo «sentimentale» e, in definitiva, irrazionale della religiosità. Come se con essa si indicasse una particolare «visione» della realtà, quando non una fuga.

LUIGI GIUSSANI

i libri dello spirito cristiano

****** BIBLIOTECA UNIVERSALE RIZZOLI ******

collana diretta da don Luigi Giussani

Dio si è fatto uomo.
L'imprevedibile è diventato un avvenimento reale: Dio si è fatto compagno agli uomini, così che la vita possa non essere vana.
Nell'incontro con questo fatto storico la ragione, la volontà e l'affettività umane sono provocate a realizzarsi, a compiersi secondo tutta l'ampiezza del loro desiderio di giustizia, di bontà e di felicità. Lo spirito cristiano *è l'umanità di persone stupite e commosse da questo avvenimento.*
Questi testi ne sono una documentazione particolare, specie dove le parole scavano nei fatti e nei cuori con tutta l'energia della grande arte.

Si tratta di romanzi, saggi e testi di poesia non facilmente reperibili e che hanno comunque lasciato segno in chi li ha accostati. Perché in essi si mostra, con varia genialità e secondo diverse prospettive storiche e psicologiche, uno spirito cristiano impegnato a scoprire e a verificare la ragionevolezza della fede dentro le circostanze della vita. Un'umanità, cioè, che realizza la sua passione per l'esistenza e la sua adesione al dramma della vita con un realismo e una profondità altrimenti impossibili.

IL SENSO RELIGIOSO*

* Venegoni, die 16 martii, anni 1966
Nihil obstat quominus imprimatur
Sac. Carolus Figini Cens. Eccl.

Imprimatur
in Curia Arch. Mediolani, die 21 martii, anni 1966
Can. Caesar Gilardi Vic. Deleg.

PARTE PRIMA

IL FONDO DELLA QUESTIONE

A che livello della nostra dinamica interiore, a che livello del nostro sentimento e pensiero si colloca il senso religioso?

Ci sono domande che s'attaccano alla radice stessa del nostro moto umano: per che cosa vale la pena che io viva? qual è il significato della realtà? che senso ha l'esistenza?

Leopardi ha creato un simbolo di questo strato profondo della nostra vitalità nella figura del «pastore errante» che parla alla «luna»:

> «Spesso quand'io ti miro
> star così muta in sul deserto piano,
> che, in suo giro lontano, al ciel confina;
> ovver con la mia greggia
> seguirmi viaggiando a mano a mano;
> e quando miro in cielo arder le stelle;
> dico fra me pensando:
> a che tante facelle?
> Che fa l'aria infinita, e quel profondo
> infinito seren? Che vuol dir questa
> solitudine immensa? Ed io che sono?
> Così meco ragiono...».

Il senso religioso è esattamente al livello di quelle domande. Più precisamente il senso religioso sorge con l'emergenza, in quelle domande, di un aggettivo molto importante: qual è il senso *esauriente* dell'esistenza? qual è il significato *ultimo* della realtà? per che cosa *in fondo* vale la pena vivere?

Il contenuto del senso religioso coincide con queste domande e con *qualunque risposta* a queste domande. Occorre notare che queste domande sono espressioni di tutti, anche di coloro che ne negano il valore teoretico e filosofico.

Cordialmente ne richiama l'ineluttabilità il grande romanziere Thomas Mann quando parla «dell'uomo, di questo essere enigmatico che racchiude in sé la nostra esistenza per natura gioconda, ma oltre natura misera e dolorosa. È ben comprensibile che il suo mistero formi l'alfa e l'omega di tutti i nostri discorsi e di tutte le nostre domande, dia fuoco e tensione a ogni nostra parola, urgenza a ogni nostro problema».[1]

Si tratta dunque di domande a un livello inevitabile, implicito in qualunque posizione umana. Per ciò stesso che uno vive cinque minuti afferma l'esistenza di un *qualcosa* per cui ultimamente vale la pena vivere in quei cinque minuti; per ciò stesso che uno prolunga la sua esistenza, afferma l'esistenza di un *quid* che sia ultimamente il senso per cui vive. Il contenuto del senso religioso è una implicazione inevitabile: come uno aprendo gli occhi vede i colori e le forme, così uno per ciò stesso che vive implica quello. È la natura stessa della ragione, del nostro pensiero, della nostra coscienza che si pone come senso religioso.

Perciò l'atteggiamento religioso è nel marxista convinto come nel cattolico; non esiste ateo che possa scrollarsi di dosso questa implicazione. Qualunque principio o valore si ponga come risposta a quelle domande, è una religiosità che si esprime ed è un *dio* che si afferma: e infatti a quel principio, qualunque esso sia, l'uomo dà

[1] Thomas Mann, *Giuseppe e i suoi fratelli*, Milano 1954, p. 1.

incondizionata devozione. E non c'è assolutamente bisogno che sia teorizzato, non c'è assolutamente bisogno che sia espresso in sistema mentale: può essere una implicazione in una banalissima pratica di vita. Può essere la propria ragazza, gli amici, il lavoro, la carriera, i soldi, il potere, la politica, la scienza: ma qualunque sia l'implicazione ultima che la coscienza umana realizza di fatto vivendo, è una religiosità che si esprime e un *dio* che si afferma. Magari il *dio* di un istante, di un'ora, di un periodo.

Per questo il senso religioso porta sempre inevitabilmente con sé il senso del peccato. C'è il peccato anche per l'ateo, teorico o pratico. Per un marxista convinto, cui il partito è tutto, è *peccato* ogni deviazione o tradimento, ogni atteggiamento che non serva i suoi programmi; per un uomo, per cui la salute è tutto, sarà *peccato* qualunque cosa che in qualche modo non salvi quel *quid* cui, come idolo, dà totale devozione.

Più apertamente si dice *peccato*, nella storia della religiosità, quell'incoerenza per cui un individuo teoricamente afferma un determinato *quid* come senso ultimo del reale, e poi nella vita pratica, di fatto, senza che se lo dica, imposta l'azione secondo un altro riferimento ultimo; imposta cioè la sua azione in modo che, se letta attentamente, implichi come *quid* ultimo – da cui è dominata – un *quid* diverso da quello affermato teoricamente: è, per usare termini tradizionali, l'incoerenza tra la *fede* e le *opere*.

Proprio per sua natura il senso religioso è un fattore ineliminabile, è – come si suol dire – *dimensione* di ogni gesto, di ogni minuto di esistenza. Se qualcosa sfuggisse a quello che noi identifichiamo col *dio* – comunque lo si intenda, come il Partito guida o il Progresso della

Scienza oppure il Dio cristiano – non sarebbe più *dio*, perché ci sarebbe qualcosa di più profondo di esso implicato da noi, intrinseco al nostro modo di agire. Il senso religioso, quindi, coincide con quel senso di *originale, totale dipendenza* che è l'evidenza più grande e suggestiva per l'uomo di tutti i tempi, comunque sia stata tradotta, nella fantasia primitiva o nella coscienza più evoluta e pacata dell'uomo civile. Il *dio* è il determinante di tutto, è il fattore da cui non si può sfuggire mai. È come se dentro di noi ci fosse un'esigenza che ci spinge a una totale devozione verso qualcosa da cui tutto dipende. Ed è proprio questo *qualcosa* che si chiama, nella tradizione religiosa, esplicitamente *Dio*.

E poiché nella tradizione religiosa, nel senso stretto della parola, l'umanità ha preso coscienza della soggezione e della devozione ad un *ultimo* da cui tutto dipende, noi riferiremo il senso religioso a qualunque forma di questa consapevolezza; mentre la religiosità solo implicita di umane teorie e di pratiche di vita – come abbiamo descritto prima – è riguardata da noi come documento di quella esigenza naturale, o sarà da noi sorpresa come corruzione di essa.

Tale energica inclinazione è, come abbiamo visto prima, proprio dentro la nostra struttura; è – si dice – una *capacità* del nostro essere.

Si tratta di una energia che protende il fondo delle nostre azioni in una determinata direzione. Gli antichi filosofi scolastici chiamavano tale dote o disposizione viva della nostra persona *vis appetitiva* – forza di aspirazione.

Il senso religioso è quindi una dote caratteristica della nostra natura, che dispone l'anima ad aspirare verso Dio, quasi la protende nel tentativo di afferrare Dio, in qualche modo.

Fra tutte le capacità della nostra natura, quella del

senso religioso è evidentemente la fondamentale perché tutte le altre si rivolgono a dei beni particolari, mentre questa si rivolge al bene finale e conclusivo. In un certo senso, perciò, la capacità naturale che è il senso religioso riassume tutti gli scopi delle altre capacità della nostra persona.

Per questo, nella sua pastorale della Quaresima 1957, l'allora Sua Ecc. Mons. Montini definiva il senso religioso come «sintesi dello spirito».

Evidentemente la capacità del senso religioso non ce la formiamo da soli, ce la troviamo dentro la nostra natura. Questa nativa aspirazione è come suscitata, destata in noi da un potere superiore a noi; essa è come provocata indipendentemente dalla nostra volontà, prima ancora che intervenga il nostro parere. Noi siamo come di fronte ad una voce che chiama. Potremo rispondervi o no, ma non possiamo impedire che essa chiami. Il senso religioso è una *vocazione*; esso è la vocazione della vita.

Il senso religioso è quindi qualcosa che fa parte del dono dell'essere; è un elemento della struttura stessa della nostra natura. Il senso religioso è l'iniziativa di Dio che ci crea. Non possiamo evitarla, anche se possiamo insipientemente cercare di rifiutarla o contraddirla.

PARTE SECONDA

CONOSCENZA E MISTERO

CAPITOLO PRIMO

SENSO RELIGIOSO E REALTÀ

Le capacità che sono in noi non solo non si sono fatte da sé, ma anche non si traducono in atto da sole. Sono come una macchina che, oltre ad essere stata costruita da altri, ha bisogno anche di un altro che la metta in marcia, che la faccia funzionare. Ogni capacità umana, in una parola, deve essere provocata, sollecitata per mettersi in azione.

La stessa cosa avviene del senso religioso. Esso nasce con noi, come una parte della nostra struttura originale: ma per entrare in funzione ha bisogno di un richiamo continuo.

In tutti i sensi noi uomini siamo esseri dipendenti: non solo all'origine, nel nostro essere e nell'esistenza delle nostre facoltà, ma anche in ogni atto del nostro divenire.

Da che parte arriverà quel richiamo continuo che metta in moto il nostro senso religioso?

Abbiamo detto che esso non si mette in moto spontaneamente, quasi che non abbia bisogno di niente oltre sé, quasi come lo svilupparsi di un sogno o il serpeggiare di un vago sentimento. Ci sono molti che sostengono questo, e interpretano la religiosità come una impressionabilità particolare di certi individui, espressa in timori o in desideri, senza che vi corrisponda necessariamente qualche realtà oggettiva.

Il richiamo non vien neanche direttamente fatto da Dio, come pretendono i così detti «ontologisti»; quasi che lo spirito umano intuisca Dio come l'occhio vede le cose, sia pur confusamente.

Il richiamo che mette in moto il senso religioso dello spirito umano viene da Dio attraverso la realtà creata. Dio attua la vocazione originale continuandola attraverso il mondo.

Da questo punto di vista la realtà creata è quindi una vera *Parola* con cui Dio si fa sentire alla coscienza umana.

Il mondo rende testimonianza a Chi lo crea.

È ciò che afferma san Paolo in un famoso passo della Lettera ai Romani, che occorre rileggere e meditare:

«Ciò che si può conoscere di Dio si rivela allo spirito (degli uomini): Dio di fatto lo ha svelato (agli uomini); le sue invisibili ricchezze dalla creazione del mondo si lasciano vedere all'intelligenza attraverso le sue opere, la sua potenza eterna e la sua divinità».[1]

In varie gradazioni emerge questa rivelazione naturale.

L'esistenza stessa delle cose, anzitutto, ridesta la coscienza a quel primo fondamentale senso dell'essere, dell'essere che non dipende da me, mentre io ne dipendo, implacabile presenza che mi si impone. Il fatto cioè che una cosa ci sia, supera sempre sia l'aspettativa sia la capacità di creazione dell'uomo. Tutto questo può sfuggire alla nostra consapevolezza abituale, ma si rivela subito appena ci arrestiamo pensosi di fronte a qualche realtà bella e grande come i monti, i mari, il cielo (a tal proposito sono da meditare i capitoli 38 e 39 di Giobbe).

Il cosmo, nella sua grandiosità stupefacente, dà la nota della maestà e della bellezza. Guardiamo con qua-

[1] Rm 1, 19-20.

le fervore lo afferma l'anonimo poeta, autore del libro della Sapienza:

«Sono senza scusa tutti gli uomini cui manca la conoscenza di Dio, perché dalle realtà visibili non seppero conoscere Colui che è, né dalla considerazione delle opere riconobbero il Creatore. Ma credettero dèi, padroni del mondo, o il fuoco o il vento o l'aere mobile o il cielo delle stelle o la luna. Se affascinati dalla bellezza di queste cose le supposero dèi, sappiano quanto più bello di esse è il loro Signore; giacché l'autore della bellezza creò quelle cose. Se furono colpiti invece dalla loro potenza ed energia, intendano da esse, che più potente di loro è colui che le produsse. Dalla grandezza infatti e dalla bellezza delle creature si può conoscere, per analogia, il loro Creatore».[2]

Alla stessa conclusione giungeva il più grande dei filosofi cristiani:

«L'essere di tutte le cose deriva dalla bellezza divina».[3]

E perfino Baudelaire trovava la forza di spezzare il cerchio del positivismo che lo avvolgeva, per affermare:

«È esso, è questo immortale istinto del bello che ci fa considerare il mondo e tutte le sue bellezze come un riflesso, come una corrispondenza del cielo. La sete inestinguibile di tutto ciò che è al di là, e che rivela la vita, è la prova più viva della nostra immortalità. Con la poesia e, insieme, attraverso la poesia, con la musica e attraverso la musica, l'anima intuisce la luce che splende al di là della tomba; e quando una poesia perfetta fa nascere le lagrime agli occhi, queste lagrime non sono segno di eccessiva gioia, ma piuttosto indice di una malinconia esasperata, di una esigenza nervosa, di una na-

[2] Sap 13, 1-5.
[3] San Tomaso, *De Divinis Nominibus*, c. IV, lect. 5.

tura esiliata nell'imperfetto che bramerebbe possedere subito, in questo mondo, un paradiso rivelato».[4]

Ma, dentro questa maestosa bellezza c'è un segno ancora più chiaramente eloquente, una parola più vicina, ed è il moto del cosmo, quell'ordine che ci dà il giorno e la notte, i cicli delle stagioni, quei ritmi della natura che ci assicurano le semine e i raccolti.

Questa è la presenza più sentita. È la prima rivelazione della Provvidenza, come stabile significato ed utilità delle cose.

È la prova che san Paolo porta ai pagani di Listri, per convincerli a convertirsi al Dio vivente «che ha fatto il cielo e la terra e il mare e tutte le cose che sono in essi. Egli, nel tempo passato, lasciò per le loro vie tutti i popoli; pur facendosi riconoscere nei suoi benefici, mandando dal cielo piogge e stagioni fruttifere, dando nutrimento in abbondanza ed empiendo di gioia i nostri cuori»[5]. È l'eco della promessa del Signore a Noè, dopo il diluvio, come la si legge nel Genesi: «Mai più maledirò la terra a causa degli uomini... Finché la terra sarà, la semente e la messe, il freddo ed il caldo, l'estate e l'inverno, la notte ed il giorno non verranno meno».[6]

Non solo il movimento della natura, ma il movimento degli uomini, popoli e nazioni, rende presente il senso provvidenziale che tutto governa. È ancora san Paolo che lo ricorda, con le parole che rivolse agli Ateniesi, nell'Areopago:

[4] In «Art Romantique», citata in Maritain, *Alla Ricerca di Dio*, Roma 1956, p. 72.
[5] At 14, 15-17.
[6] Gn 8, 21-22.

«Egli fece che l'umanità, nata da un solo, si spandesse su tutta la faccia della terra; e ha determinato il tempo e i confini della loro dimora, affinché cerchino Dio e si sforzino di trovarlo come a tastoni. Ed Egli non è lontano da ciascuno di noi, poiché in Lui abbiamo la vita, il movimento e l'essere, come anche qualcuno dei vostri poeti ha detto: "noi siamo discendenza di lui"».[7]

Siamo così invitati a sentire la voce più profonda della realtà, là dove la realtà diventa *io*.

Questo è il segno più intimo, è l'immagine più vicina: la scoperta della propria esistenza.

Quando dico «io», dico un rapporto, perché «io» è uguale a «sono fatto»; non esisto cioè se non come forza e volontà di un Altro.

Questo *io* ha però ancora un significato più vivido, più immediato: esso reca con sé la coscienza del bene e del male. La realtà del nostro *io* prova nettamente l'esperienza di qualcosa cui non può rifiutare l'omaggio della sua volontà; di un *bene*, di un *giusto* cui è legato il senso del reale, che è *bene*, e *giusto* perché è così, che non è alla mercé di niente: è infinito nel suo valore. Mi si impone, mi obbliga a stimarlo, a riconoscerlo come bene.

«Quando i Gentili, che non hanno la legge, compiono naturalmente i comandi della Legge, ... essi sono legge a se stessi, e manifestano con la testimonianza della loro coscienza che i precetti della legge sono scolpiti nel loro cuore.»[8]

Anche un pagano, il grande poeta greco Sofocle, nella più bella delle sue tragedie, *Antigone*, già parlava di «leggi non scritte» impresse nel cuore dell'uomo.

[7] At 17, 26-28.
[8] Rm 2, 14-15.

Quanto più uno vive questi livelli di coscienza nel suo rapporto con il reale, tanto più veramente conosce qualcosa del mistero. Perciò è il segno degli spiriti grandi e degli uomini vivi l'ansia della ricerca attraverso l'impegno con la realtà della loro esistenza.

Queste osservazioni si riconducono in fondo al principio filosofico per cui «dall'effetto si conosce la causa», o al principio della *analogia* (il mondo è come una parola – o *logos* – che rinvia, richiama ad altro, oltre sé, più in su – *anà* –).

CAPITOLO SECONDO

IL SEGNO

Se volessimo in una parola riassumere il rapporto che passa tra il mondo e Dio, così come ce lo hanno indicato le precedenti riflessioni, dovremmo dire che il mondo è *segno* di Dio.

Si dice *segno* una cosa il cui senso è un'altra cosa. Segno è dunque una realtà che non avrebbe spiegazioni se non implicando l'esistenza di un'altra realtà; senza quest'altra realtà non sarebbe uno sguardo integralmente umano quello portato sulla prima, o non si esaurirebbe la considerazione della prima realtà senza l'ammissione della seconda.

Supponiamo che uno, camminando in luogo deserto, sentisse d'improvviso un grido: «Aiuto!»; non potrebbe arrestare la sua considerazione del fatto all'ammettere che le sue orecchie siano state percosse da una certa vibrazione o da un certo suono; la considerazione umana di quel fenomeno ha una profondità che scopre in quella vibrazione ed in quella impressione qualche cosa di ben più grande, un «significato» che costringe a intuire l'esistenza di un uomo in pericolo a cui bisogna portare soccorso.

Non sarebbe *ragionevole*, non sarebbe *umano* esaurire l'esperienza di quel grido interpretandolo soltanto nel suo aspetto percettivamente immediato.

Un certo atteggiamento di spirito fa pressappoco così con la realtà del mondo e della esistenza; ne accusa – per così dire – il colpo, arrestando la capacità umana di addentrarsi alla ricerca del significato cui innegabilmente il fatto del nostro rapporto con la realtà sollecita l'umana intelligenza.

Così Dio indica il senso di questa realtà che è il mondo. Il significato delle cose sarebbe irreperibile al di fuori dell'esistenza di Dio.

L'aspetto dell'esperienza che meglio indica questo sta nel fenomeno delle umane *esigenze*, inestirpabili sia come ricerca e affermazione del perché intellettuale ultimo (che senso ha il mondo? qual è il destino dell'uomo e di tutto?), sia come urgenza esistenziale (amore, giustizia, felicità). Se Dio non ci fosse, la traiettoria di queste esigenze verrebbe innaturalmente bloccata. La vita sarebbe, secondo il famoso detto di Shakespeare: «una favola raccontata da un idiota in un accesso di furore».

Chiaramente lo intuiva Socrate nel *Fedone* di Platone: «Ecco perché non mi rincresce certo di morire, perché ho la ferma speranza che vi sia qualche cosa dopo la morte, qualcosa che, secondo l'antica credenza, è molto migliore per i buoni che non per i malvagi».[1]

Non solo però per i geni più grandi, anche per il più umile selvaggio l'adesione al divino nasce da una visione del mondo, dall'intuizione cioè del mondo come segno di un *oltre*, di un Trascendente.

Proprio perché il mondo è *segno* di Dio, attraverso il mondo Dio non si rende evidente nel senso immediato del termine. Se questa evidenza ci fosse, nessuno più potrebbe negarlo. Ogni uomo sarebbe costretto ad affermarlo irresistibilmente. Invece, rendendosi presente attraverso un segno, Dio non si impone a noi.

[1] Platone, *Fedone*, c. 63.

Dio si propone a noi.

Dio è discreto.

Ma «discreto» indica un rispetto verso qualcosa, il rispetto verso qualcosa di personale, verso una intimità...

La libertà: ecco la realtà personale, ecco l'intimità umana che Dio salva presentandosi sotto il segno del mondo.

Dio è il destino, il senso, Dio è il fine dell'uomo. L'uomo deve essere libero di fronte ad esso, perché libertà significa responsabilità nel fare se stessi, nel realizzarsi, cioè nel raggiungere il proprio fine.

Tale libertà trova campo d'azione già nel primo passo verso Dio: il riconoscerLo, lo scoprirLo.

E questo primo passo sta esattamente nell'interpretazione di quel segno che è il mondo.

Avviene come nell'insegnamento (alla cui radice sta proprio la parola *segno*). Non si impara per ciò stesso che uno ci insegna: occorre anche attenzione, costanza, apertura d'animo o simpatia verso ciò che si insegna o verso chi insegna, occorre lealtà, umiltà di accettazione, ecc... Cioè: per imparare occorrono anche condizioni in cui entra in gioco la libertà.

Così è per l'interpretazione del segno nel mondo. Il mondo insegna Dio. Occorre, per impararlo, una educazione dello spirito che dipende essenzialmente dalla libertà.

L'atteggiamento cui la libertà deve educare lo spirito, perché esso sappia capire Dio nel mondo, si riassume in una parola: senso della dipendenza. Infatti la verità ultima delle cose è che esse sono creature, cioè sono fatte da Dio. Dipendenza: ecco quindi il linguaggio delle cose, che occorre abituarsi a vivere per saperlo leggere, così come io non potrei interpretare i segni giapponesi se non ne possedessi in me la chiave.

Tale senso di dipendenza implica una duplice e costante attitudine dello spirito, cioè una duplice virtù: la virtù dell'*attenzione*, per cui si sappia portare sul mondo uno sguardo che ne colga l'aspetto di gratuità profonda; la virtù dell'*accettazione*, per cui si sappia ricevere il *dato* del mondo senza presuntuosa critica, senza velleità di indipendenza, ma piuttosto con semplicità e con devozione.

In fondo, questo senso di dipendenza, questa capacità di attenzione stupita e di accettazione semplice corrispondono alle esigenze del discorso della montagna: «Beati i poveri di spirito...; beati i puri di cuore...; beati coloro che hanno fame e sete...».

E Cristo ci ha presentato il modello: un bambino. «Se non sarete come bambini, non entrerete nel regno dei cieli.»

Evidentemente non poneva come ideale l'infantilismo, ma quella apertura dell'animo che la natura assicura automaticamente nel bambino, tanto essa è necessaria condizione per lo sviluppo dell'umano, e che nell'adulto è, come ogni valore, faticata conquista.

Tutto questo spiega come mai per gli uni l'esistenza possa essere carica di indici del divino, per gli altri la scoperta sia faticosa, per gli altri ancora la voce della presenza divina sembri tacere. L'esistenza è come una immensa parabola: chi ha orecchie per intendere intenda (cioè: chi vuole capisca).

La realtà è come una penombra: per chi volge le spalle alla luce essa è solo vestito di una oscurità ultima, per chi cerca la chiarezza essa è vestibolo al regno della luce. È importante quindi nel problema di Dio che l'uomo salvi continuamente in sé l'atteggiamento giusto, quello originale in cui la natura formula l'uomo, che è atteggiamento di attesa e di domanda, di reale ricerca – e perciò atteggiamento essenzialmente positivo. Infatti, lo spirito di curiosità e di attenzione, che la natura desta nell'uomo per tutte le cose, documenta quella originale simpatia con l'essere che è come l'ipotesi generale di lavoro premessa ad ogni rapporto ed attività fra l'uomo e se stesso e le cose. Se noi ci trovassimo su un marciapiede di una stazione ferroviaria quando tutta la folla ingombra lo spazio, facilmente ci sfuggirebbe anche la persona più cara se noi fossimo distratti da altri scopi che quello di attenderla: nella folla delle umane realtà ci sfuggirebbe la Realtà più necessaria e familiare se non salvassimo continuamente nel nostro sguardo la sua attesa o la sua domanda (anche nelle ore più buie come quella in cui l'Innominato gridò: «Dio se ci sei rivelati a me»).

C'è una inevitabile conseguenza di questo metodo di rapporto tra la persona umana e la realtà del Dio: è il fenomeno che si chiama *rischio*.

Esso non è assenza di ragioni: esso permane anche di fronte alle più stringenti e pure ragioni. Il rischio, perciò, non è un problema di intelligenza, è un problema affettivo (nel senso di volontà): esso si manifesta come senso di vuoto da superare, come uno iato tra la propria posizione attuale e quella cui la ragione chiama, un tremore ineliminabile, una *paura di affermare l'essere*, strana.

Il senso del rischio si risolverebbe unicamente con la volontà, con l'attuazione di quella energica capacità di aderire all'essere che è la *libertà*.

Psicologicamente questa energia di libertà ha un luogo naturale dove si ridesta, si sviluppa e si afferma: senza questo luogo mancherebbe di alimentazione e si esaurirebbe, si atrofizzerebbe. Il luogo di questa energia di libertà superante il vuoto della immanente dissociazione è la vita di gruppo o *comunità umana*.

Perciò è inevitabile, storicamente, la connessione fra permanenza dell'idea religiosa e vita comune religiosa. L'uomo solitario normalmente non può resistere al vuoto del rischio. Poco o tanto o totalmente vi cede.

CAPITOLO TERZO

IL DIO NASCOSTO

Tutta la realtà, dunque, fin nell'intimità più segreta dell'io, è Parola con cui Dio si rivela, è vestito cui la sua Presenza dà consistenza e vibrazione, è segno che lo indica.

«Dio, tu, mio vicino...
sono in continuo ascolto, dammi un segno.
Ti sono assai vicino.
Solo una parete sottile ci separa.»

Perché R. M. Rilke parla di una «parete», sottile, sì, ma che separa? Giustamente. Perché il segno è qualche cosa che, mentre rivela, vela. Esso non comunica direttamente la cosa che indica, ma quasi la trattiene e la nasconde dietro di sé.

Ciò riecheggia nella potenza della meditazione biblica: «*Vere Tu es Deus absconditus, Deus Israel Salvator*». Veramente Tu sei un Dio nascosto, Dio Salvatore d'Israele.

Per questo il dialogo con Dio nella religiosità che prende spunto dalla realtà naturale resta estremamente incerto, precario e raro in una forma pura e intensa. San Paolo parlerà di una ricerca di Dio «a tastoni», quasi l'uomo sia uno che vaghi nelle tenebre e stenti a trovare il volto delle cose.

Il Delafosse, in uno studio sulle religioni delle più primitive tra le popolazioni africane, nota come accanto ad un'idea molto alta di Dio esista una incapacità quasi totale ad entrare in rapporto con lui.[1] È la stessa

[1] Delafosse, *Les Noirs de l'Afrique*, Paris 1922, p. 153.

incapacità che mostrano molti nostri contemporanei, che riconoscono un Ente Supremo, ma non sanno stabilire con lui un legame: non sanno adorarlo, non sanno amarlo.

Possiamo scendere fino alle radici di tutto questo riflettendo più particolarmente ancora sul meccanismo con cui l'umana coscienza – in tutti, sia dotti che indotti – coglie l'esistenza del divino.

La ragione è consapevolezza dell'esistenza fino alla affermazione dell'esauriente perché di essa. Ora, caratteristica fondamentale dell'esistenza è – come abbiamo visto – quella di essere gravida di esigenze che non sono soddisfacibili nell'ambito dell'esistenza stessa: i «perché» più decisivi (quelli che riguardano la verità, la felicità, la giustizia, l'amore) non sono certo risolti dal tempo, il quale anzi li complica e aumenta.

Perciò proprio per essere coerente alla sua natura e comprendere quindi l'esistenza, la ragione è costretta ad ammettere l'esistenza di un incomprensibile: la stessa esigenza di spiegazione esauriente, che costituisce la ragione, porta lo spirito dell'uomo a intuire la risposta in un *quid* esistente *al di là* della propria esperienza, un *quid* costituzionalmente *oltre* la possibilità di comprensione, incommensurabile con la mente umana.

Sorge così il concetto di *mistero*.

Tacito definiva il divino, come era percepito dai Germani del suo tempo, così: «*Secretum illud quod sola reverentia vident*», quel *quid* nascosto (quel «mistero») che essi intuiscono in un sentimento di soggezione che dà il senso della propria originale dipendenza.[2]

Se dunque l'umana situazione porta ad intuire l'esi-

[2] Tacito, *De Germania*.

stenza del divino, l'uomo non può però dire che cosa Egli sia in se stesso.

Perciò non possiamo che usare termini negativi per Lui (*In*finito, *Im*menso, *In*effabile, *In*comprensibile, ecc...), o termini totalitari, che anch'essi in fondo negano condizioni di essere a noi note (Onnipotente, Onnisciente, Onnipresente). Ed anche gli attributi positivi che diamo a Lui (bontà, giustizia, bellezza, fedeltà, potenza, ecc...) non sono tanto definizioni, quanto introduzioni, dal nostro limitato e vario punto di vista, alla ricchezza di quell'Essere per noi inconcepibile.

«Ciò che Egli è ci resta completamente sconosciuto.»[3]

«(Dio) occulta infinità.»; «(Dio) non è nulla di ciò che noi o qualche altra creatura conosce e non è nessuna delle cose che sono e delle cose che non sono; né gli esseri lo conoscono secondo ciò che Egli è, né Egli conosce gli esseri nel modo in cui essi esistono; di Lui non c'è parola, nome, conoscenza; non è tenebra, né luce, né errore, né verità e nemmeno esiste di Lui in generale affermazione o negazione... dal momento che supera ogni affermazione la Causa perfetta e singolare di tutte le cose che sta al di sopra di ogni negazione, che è l'eccellenza di chi in modo semplice è sciolto da tutto e sta al di sopra di tutto.»; «Non è forse in verità un nome meraviglioso quello che sta al di sopra di ogni nome e che manca di ogni nome, che è situato al di sopra di tutto ciò che si nomina sia in questo tempo sia nel futuro?»[4]

Una bella poesia di Clemente Rebora intitolata *Il pioppo* crea un simbolo pieno di evidenza del rapporto

[3] Gilson, «Lo spirito della filosofia medioevale», citato da J. Daniélou, *Dio e Noi*, Alba 1957, p. 61.

[4] Dionigi l'Areopagita, «De Divinis Nominibus» 588 G11 – Mistica theologia 1048 A10 – «De Divinis Nominibus» 596 A8, citati in *Una strada a Dio*, testi a cura di Piero Scazzoso, Milano 1960, pp. 21, 23.

tra la realtà sperimentabile e la sua nascosta ultima ragione:

«Vibra nel vento con tutte le sue foglie
il pioppo severo:
spasima l'anima in tutte le sue doglie
[nell'ansia del pensiero.
Dal tronco in rami per fronde s'esprime
tutte al ciel tese con raccolte cime;
fermo rimane il tronco del mistero
e il tronco s'inabissa ov'è più vero».

La «pianta» del mondo, il «tronco» della realtà affonda le sue radici (cioè trae la sua ragione d'essere) ad un livello per noi inafferrabile, dentro un *abisso* a noi insondabile: è il livello del divino, del mistero.

A questo Dio «ignoto» (come fu chiamato dagli Ateniesi e citato da san Paolo) dovrebbe essere legata tutta la vita; a questo Sconosciuto va sacrificato tutto!

Quale senso di dipendenza occorrerebbe per accettare, e basta.

Ed è per questo che Giobbe, privato dei figli e delle ricchezze, abbandonato dalla moglie e dagli amici, coperto di piaghe schifose, ma ancora fiducioso nell'Altissimo, rimarrà sempre tra le figure eccezionali della storia religiosa dell'umanità.

CAPITOLO QUARTO

L'IDOLO

Ma per la sua natura stessa (che è esigenza di spiegazione) la ragione vive continuamente l'urgenza di inoltrarsi in questo Ignoto.

Anzi, il tentativo di addentrarsi sempre di più nella conoscenza degli ultimi livelli delle cose, quasi di afferrare e di conoscere il mistero che sottende la realtà, è come l'anima stessa della ragione, il motivo di tutta la sua sostanziale irrequietezza e della sua inesauribile creatività.

In fondo è il rapporto con l'*aldilà* che rende possibile l'avventura dell'*aldiqua*.

Il mito dell'Ulisse dantesco è il simbolo letterario perfetto della situazione dell'umana coscienza. Ma più profondamente e definitivamente la statura della figura umana e il termine incommensurabile della sua capacità di rapporto è descritta nella famosa pagina biblica in cui Giacobbe lotta con l'angelo, manifestazione di Dio.

«Durante quella notte egli si alzò, prese le due mogli, le due schiave, i suoi undici figli e passò il guado dello Jabbok. Li prese e fece loro passare il torrente e fece passare anche tutti i suoi averi. Ma Giacobbe rimase solo; ed ecco, un uomo lottò con lui fino allo spuntare dell'aurora. Quegli vide che non riusciva a vincerlo e lo toccò all'articolazione del femore e l'articolazione del femore di Giacobbe si slogò, mentre egli continuava a lottare con lui. Disse quegli: "Lasciami andare perché l'aurora è spuntata". Giacobbe rispose: "Non ti lascerò se non mi avrai benedetto!". Gli rispose quegli: "Qual è il tuo nome?". Rispose: "Giacobbe". L'altro riprese: "Non più Giacobbe sarà il tuo nome, ma Israele, perché hai combattuto con Dio e con gli uomini e hai vinto!". Giacobbe allora gli chiese: "Dimmi il tuo nome!". Gli rispose: "Perché mi chiedi il mio nome?" e ivi lo benedisse. Allora Giacobbe chiamò quel luogo Penuel "perché – disse – ho visto Dio faccia a faccia, eppure ho avuto la vita salva".

Il sole spuntò quando Giacobbe ebbe passato Penuel; Giacobbe zoppicava all'anca.»[1]

Una lotta senza vedere il volto dell'Altro: per questo è il più affascinante simbolo della vita umana, rapporto vissuto col mistero; dell'azione umana, tensione a un destino trascendente.

Ma tale situazione fa essere la coscienza dell'uomo come sulla soglia di un abisso, per cui diventa naturale sentirne la vertigine.

Un eccessivo attaccamento a sé (*amor proprio*) tenta la ragione e la spinge a pretendere di definire il mistero, di comprendere anche l'oltre, di determinare in che consista il senso ultimo delle cose.

Il senso religioso, come affermazione di un ultimo significato, è corrotto a identificare il suo oggetto con qualcosa che sceglie l'uomo stesso dentro l'ambito della sua esperienza, quindi con un particolare della sua vita, finalmente con qualcosa di comprensibile a lui.

La ragione, invece che sentirsi e riconoscersi per quello che è, cioè varco spalancato sulla realtà dell'essere, pretende sé come misura della realtà, come ambito esauriente dell'essere (è come se dicesse: «quello che non riuscirei a misurare io, non c'è»).

[1] Gn 32, 23-32.

È in sostanza la tentazione di rendere l'uomo stesso criterio del tutto, cioè Dio. E in questo senso trova il suo paradigma nel peccato originale descritto dalla prima pagina della Bibbia; le parole del diavolo ad Eva ed Adamo si possono tradurre: «Non è vero che c'è qualcosa che voi non potete comprendere, misurare».

Ciò che è importante comunque sottolineare è che, nella corruzione del senso religioso, la ragione non può fare altro che identificare il valore ultimo prematuramente e presuntuosamente con un elemento interno all'esistenza, con un aspetto della sua esperienza: ed è ciò che la Bibbia chiama *idolatria* (Dio diventa un *eidolon*, cioè una apparenza contingente).

«... Dicendo di essere sapienti gli uomini divennero stolti e scambiarono la gloria dell'incorruttibile Iddio nella riproduzione di un'immagine di corruttibile uomo, e di volatili e di quadrupedi e di rettili.»[2]

Significativamente, la Bibbia non contrappone tanto il religioso all'ateo, quanto il *vero religioso* all'*idolatra*.

Ed accusa drammaticamente l'idolo, sotto qualsiasi forma si presenti, di non corrispondere mai esaurientemente alla domanda umana cui pretende essere risposta, o a cui è presuntuosamente proposto come soluzione: «Hanno bocca e non parlano, hanno occhi e non vedono, hanno orecchi e non odono»[3]; cioè non mantengono mai la loro promessa.

Anzi, è proprio nell'idolatria che la Bibbia vede la corruzione e il dissolvimento delle pur vere, anche se incomplete, possibilità di umane armonie: è nell'idolatria la radice della guerra (Dio, dopo il diluvio universale, previde a Noè questo male). Infatti, la fraternità

[2] Rm 1, 22-23.
[3] Sal 135, 16-17a.

umana è fondata sul mistero, sul Dio vero; l'idolatria tenta sempre, invece, di spiegare e di ordinare la realtà su motivi parziali, rompendo la tensione unitaria all'armonia totale ed inevitabilmente scontrandosi con tentativi idolatrici altrui.

Questa è l'origine del male nella storia e del suo svilupparsi sociale (la Torre di Babele biblica è la versione, in termini sociali, del peccato originale, del peccato contro il mistero. È la prima «internazionale» da cui l'umanità si è aspettata la salvezza!).

Storicamente l'uomo è caduto in questa tentazione continuamente, e la storia delle filosofie e delle religioni offre vasta documentazione di questa corruzione del senso religioso che è l'idolatria.

È da notare come l'uomo tenderà sempre a identificare idolatricamente il Dio con l'elemento della sua esperienza più clamoroso e più impressionante per lui; così, a seconda dello stadio evolutivo, tenderà primitivamente a identificare il Dio con aspetti della realtà che più colpiscono dal di fuori (fulmine, fuoco, sole, ecc...); o, barbaricamente, a identificare il Dio col principio generatore della realtà sociale (antenati, tribù, nazione, stato); o, razionalisticamente, a identificare il Dio con qualcosa di più immanente all'io (dall'esperienza panteistica al progressismo scientista).

Tale evolutività di forme idolatriche non qualifica soltanto la storia della umanità, ma anche l'esistenza di ogni uomo.

Comunque, dalle forme più primitive a quelle più evolute, l'atteggiamento idolatrico è fondamentalmente identico: la pretesa di definire Dio – cioè l'ultimo valore – con qualcosa di comprensibile, e perciò con un valore non «ultimo», non totalmente comprensivo.

Il segno della realtà naturale desta il senso religioso, ma il suo suggerimento viene di fatto travisato dall'uomo che lo interpreta male e corrompe l'intuizione del suo rapporto con Dio dentro le sue presunzioni.

La comunione di Dio attraverso il cosmo giunge difficilmente, di fatto, alle anime. Di fatto l'uomo cerca a tastoni e – come abbiamo già osservato – si smarrisce quasi sempre dietro ai suoi pensieri.

L'immagine che di Dio dà la realtà diviene oscura e alterata, rifrangendosi attraverso una umanità ferita dal peccato.

San Tomaso, constatandolo, afferma la necessità di una *rivelazione* nella storia: «La verità che la ragione potrebbe raggiungere su Dio sarebbe di fatto soltanto per un piccolo numero di uomini e anche questo dopo molto tempo e non senza mescolanza di errori. D'altra parte, dalla conoscenza di questa verità dipende tutta la salvezza dell'essere umano, poiché questa salvezza è in Dio. Per rendere questa salvezza più universale e più certa, sarebbe dunque stato necessario insegnare agli uomini la verità divina con una divina rivelazione».[4]

Ma prima ancora di Cristo, un grande genio religioso dell'antichità era giunto alla stessa conclusione e la sua testimonianza è tanto più valida, in quanto è di chi ha lungamente cercato: «Pare a me, o Socrate, e forse anche a te, che la verità sicura in queste cose nella vita presente non si possa raggiungere in alcun modo, o per lo meno con grandissime difficoltà. Però io penso che sia una viltà il non studiare sotto ogni rispetto le cose che sono state dette in proposito, e lo smettere le ricerche prima di avere esaminato ogni mezzo. Perché in queste cose, una delle due: o venire a capo di conoscere

[4] San Tomaso, *Summa Theologica*, I, 1, 1.

come stanno; o se a questo non si riesce, appigliarsi al migliore e al più sicuro tra gli argomenti umani e con questo, come sopra una barca, tentare la traversata del pelago: a meno che non si possa con maggiore agio e minore pericolo fare il passaggio con qualche più solido trasporto, con l'aiuto cioè della rivelata parola di un dio».[5]

A questo punto, è necessario urgere la corrispondenza della ipotesi di una rivelazione con la situazione della nostra natura. Poter dire: «è una ipotesi adatta a noi», è un fatto che crea simpatia, che permette di vedere più facilmente la cosa.

Occorre comunque subito notare che il concetto di rivelazione appartiene all'esperienza religiosa. Quindi, ciò che la parola «rivelazione» indica, può essere valutato nella misura della religiosità rimasta in noi. Per un atteggiamento autenticamente religioso Dio (cioè l'origine della realtà) è mistero insondabile, incommensurabile, è fatto che ci trascende. Perciò la posizione dell'uomo di fronte ad esso è quella di una «vigilanza», cioè di un rispetto che attende qualunque eventualità, perché «a Dio è possibile ogni cosa»: la stessa sorpresa per cui le cose sono ci obbliga ad essere in posizione di imprevedibile attesa. Del resto, la suprema categoria per la vita della ragione è la categoria della possibilità.

Ogni atteggiamento che tenda a negare la possibilità di una rivelazione di Dio nella storia ricostituisce una vera idolatria: è l'aspetto, se si vuole, più evoluto e scaltro della idolatria, capace di ammantarsi di ideali difese (la salvaguardia della dignità di Dio, della purità del-

[5] Platone, *Fedone*, c. 35.

l'Assoluto, della trascendenza, della autonomia della ragione, ecc...) mentre in ultima analisi rappresenta l'estremo tentativo che la presunzione umana compie di dettare al divino quel che possa fare e quel che non possa fare.

PARTE TERZA

RIVELAZIONE

CAPITOLO PRIMO

ABRAMO

Se vogliamo stare di fronte a ciò che è con libertà di spirito, con l'animo proteso a tutto ciò che può accadere, possiamo chiederci: come sapremo se una ipotesi come quella della rivelazione rimane ipotesi o diventa realtà?

Nella rivelazione è il mistero di Dio che emerge come umano gesto nella storia: la sua scoperta è quindi la registrazione di un fatto, non un frutto di ragionamento. È accaduto o no? È problema di storia, della storia come arriva a noi, e la storia arriva a noi attraverso testimonianze, come annuncio e come notizia. La Bibbia è questa notizia, il testo di questa testimonianza a noi.

Storicamente la traiettoria di tale notizia è documentata da circa 2000 anni prima dell'evento di Cristo: con la figura di Abramo.

Il primo annuncio storico appare nel Genesi:

«Jahvè disse ad Abramo:
"Parti dalla tua terra
e dalla tua parentela
e dalla casa di tuo padre,
verso la terra che io ti indicherò..."
Allora Abramo partì come gli aveva detto Jahvè...».[1]

La prima parola di Dio all'uomo rompe la sua misura, lo fa uscire da sé, dà uno scopo al lavoro terreno, al rischio fisico, al giorno e alla notte.

[1] Gn 12, 1-4.

È qualcosa di non previsto, di non prevedibile: «... verso la terra che io ti indicherò».

Dio aveva detto ad Abramo di lasciare tutti e neppure gli aveva indicato un luogo preciso. Ma si era rivolto a lui in termini comprensibili, aveva parlato di terra, di casa, di padre, si era immedesimato nella realtà terrena di quel momento e di quell'uomo.

La prima caratteristica della Rivelazione è che essa viene fatta in termini adatti a noi, comprensibili a noi.

La seconda caratteristica è che il risultato di queste manifestazioni suscita nell'uomo una coscienza ancora più profonda del mistero come mistero. La Rivelazione usa termini a noi usuali, ma questi, nella nostra coscienza, non circoscrivono affatto il mistero di Dio, non tolgono nulla alla Trascendenza di Dio, bensì la affermano in modo più concreto, più oggettivo e ricco, e perciò più educativo del senso religioso.

Lo stesso valore metodologico è benissimo enucleabile in un altro momento della vita d'Abramo.

«Gli disse il Signore: "Io sono il Signore che ti trasse da Ur dei Caldei, per darti questa terra, perché tu la possieda". Ma egli domandò: "Signore Dio, da qual segno potrò io riconoscere d'essere per possederla?". Gli rispose il Signore: "Prendi per me una vacca di tre anni, una capra di tre anni, ed un ariete di tre anni; poi una tortora ed una colomba". Presele, le divise per metà e mise le due parti una di contro all'altra su due file; non divise però gli uccelli. Degli uccelli rapaci scendevano a volo sulle vittime, ed Abramo li discacciava. Stando poi il sole per tramontare, Abramo fu preso dal sonno ed un terrore grande e misterioso l'invase. E udì dirsi: "Sappi fin d'ora che i tuoi discendenti abiteranno come stranieri in terra non loro; saranno sottoposti a schiavitù ed afflitti per quattro secoli. Ma il popolo a cui serviranno io lo giudicherò; poi ne verranno via con grandi ricchezze. Quanto a te, ti ricongiungerai ai tuoi padri, sepolto in pace in buona vecchiezza. Alla quarta generazione i tuoi discendenti ritorneranno qui, perché per ora non sono ancora compiute le iniquità degli Ammorrei". Quando il sole fu tramontato, si fece una caligine densa, ed apparve un rogo fumante, ed una lingua di fuoco che passava tra quelli animali divisi. In quel giorno, il Signore concluse alleanza con Abramo e gli disse: "Darò alla tua stirpe questa terra"...»[2]

Risultano chiare le due caratteristiche del *gesto* di Dio. Ad Abramo, come ai suoi discendenti, beduini del deserto, Egli si manifesta secondo i riti ed i costumi dei semiti. Per fare il suo patto, la sua fiamma passa attraverso degli animali divisi, offerti in sacrificio, con analogia al modo di allora per stipulare un contratto. Pure rimane sempre il mistero, si accentua anzi quella trascendente libertà che non può essere ridotta nella sua essenza al livello dell'uomo: il *patto*, l'*alleanza* con l'uomo la stabilisce Dio, e con libertà assoluta di iniziativa e di forma.

Non si tratta però del patto con un Essere Supremo astratto e lontano: Dio è una persona.

Con Lui è possibile parlare, anche se il dialogo dell'uomo con Dio nell'Antico Testamento assume sempre la forma di un tremendo paragone. C'è un immenso abisso tra la ricchezza del Santo e la miseria dell'uomo, come suggerisce la nota espressione biblica: «non si può vedere Dio senza morirne».

[2] Gn 15, 7-18.

Di fronte a Lui l'uomo realizza il carattere precario della sua esistenza; non può resistere alla manifestazione della forza di Lui: «Entreranno nelle caverne delle rocce e negli antri della terra davanti al terrore di Jahvè, allo splendore della sua maestà, quando Egli si leverà per spaventare la terra».[3]

Gli stessi Serafini, che Isaia vide presso il trono di Dio, si coprirono il volto con le ali, mentre levavano il loro inno: «Santo, Santo, Santo il Signore...».[4]

Un «terrore grande e misterioso» invade Abramo alla sua presenza, e Mosè è come schiacciato dalla parola che Lui gli rivolge.[5]

Dio è una persona perché lo si può chiamare con un nome, col nome che Lui ha confidato al suo popolo: Jahvè.

Per gli uomini il nome ha una grandissima importanza: è stato detto che per ognuno è «il suono più dolce e più importante della propria lingua». Le cose non hanno un nome proprio; non hanno coscienza di essere «qualcuno». Ma il nome sacro, Jahvè, che significa: Colui che è, esprime una totalità di vita superiore all'individualità da noi sperimentabile e comprensiva di tutto e sorgente di rapporto. Egli è veramente Unico, senza rivali possibili.

In testa ai Comandamenti di Dio, incisi nel ventesimo capitolo dell'Esodo, il Signore dice a chiare lettere:

«Non avrete altro Dio di fronte a me».[6]

E molti secoli dopo, ai tempi della dispersione del popolo ebreo tra le nazioni pagane, dopo la distruzione di Gerusalemme ad opera dei Romani, uno dei più famosi maestri del giudaismo, Rabbi Aqiba, farà suo motto le

[3] Is 2, 19.
[4] Is 6, 3.
[5] Cfr. Es 3; 4.
[6] Es 20, 3.

parole del Deuteronomio: «Ascolta, Israele: il Signore Dio nostro è il solo Signore».[7]

L'iniziativa divina intende inculcare nell'uomo due fondamentali atteggiamenti: la capacità di *ascoltare* e di *credere*.

La posizione più adeguata alla nostra natura è una disponibilità totale, l'abbandono di sé. Quando l'annuncio è stato dato e la parola è stata detta, definitivamente chiara, basta ascoltare: le massime figure religiose, i grandi dell'Antico Testamento, non fanno che porgere attenzione alla parola del Signore. È l'«eccomi» di Abramo e di Mosè, è l'atteggiamento di Samuele, che con la semplicità del fanciullo risponde alla voce di Dio che l'ha destato dal sonno: «Parla, Signore, che il tuo servo ti ascolta».[8]

E occorre non solo ascoltare con prontezza la parola che Dio rivolge, ma anche accettarla e fidarsi di ciò che Egli afferma. Occorre ciò che viene chiamato un «atto di fede» nel suo senso più completo.

Il modo di agire di Dio sconcerta: «Perché i miei pensieri non sono i vostri pensieri, le vostre vie non sono le mie vie – Oracolo di Jahvè Quanto il cielo sovrasta la terra, tanto le mie vie sovrastano le vostre vie, i miei pensieri sovrastano i vostri pensieri».[9] Non è più la nostra ragione che spiega, ma è Lui che indica i suoi criteri.

Sempre il senso di dipendenza è condizione del senso religioso, ma ora è un senso di dipendenza terribilmente più impegnativo: si tratta di abbandonare se

[7] Dt 6, 4.
[8] 1 Sam 3, 10.
[9] Is 55, 8-9.

stessi come criterio di giudizio, ed essere alla mercé di un Altro.

È la fede che anima il gesto sublime di Abramo, che offre in sacrificio il suo figlio, Isacco.

«Dio mise a prova Abramo e gli disse: "Abramo, Abramo!". Questi rispose: "Eccomi!". Gli disse Iddio: "Prendi l'unico figlio tuo diletto, Isacco; va' nella terra della visione, ed ivi offrilo in olocausto su quello di quei monti che io ti indicherò". Abramo dunque, alzatosi di buon mattino, sellò il suo asino, prese con sé due servi ed Isacco suo figlio; e tagliata la legna per l'olocausto, si incamminò per il luogo comandato da Dio. Al terzo giorno, alzati gli occhi, vide in distanza il luogo prefissogli, e disse ai servi: "Aspettate qui con l'asino, io ed il fanciullo ci affretteremo fin là; dopo che avremo sacrificato, torneremo a voi". Prese dunque la legna per l'olocausto, e ne caricò Isacco suo figlio; egli poi portava in mano il fuoco ed il coltello. Andando i due insieme disse Isacco al padre: "Padre mio!". Ed egli: "Che vuoi figliolo?". Disse Isacco: "Ecco il fuoco e la legna, ma la vittima per l'olocausto dov'è?". Rispose Abramo: "Figlio mio, Dio si prepara da sé la vittima per l'olocausto". Così andavano avanti insieme. Giunsero al luogo che Dio aveva mostrato ad Abramo e quivi costruì l'altare e vi dispose sopra la legna. Poi, legato Isacco figlio suo, lo mise sull'altare col fascio della legna, tese la mano e prese il coltello per immolare il figlio. Ed ecco l'angelo del Signore gli gridò: "Abramo! Abramo!". Questi rispose: "Eccomi!". Disse l'angelo: "Non stendere la mano sopra il fanciullo, e non gli fare alcun male; ho conosciuto abbastanza che temi il Signore, e non risparmiavi per me l'unico tuo figlio". Abramo alzò gli occhi e vide dietro di sé un ariete incagliato con le corna in un cespuglio, e presolo, lo offerse in olocausto invece del figlio. Ed a quel luogo mise nome: "Il Signore provvede". Anche oggi si suol dire: "Sul monte Jahvè provvede".»[10]

L'uomo diventa degno di Dio perché assume di fronte a Lui l'unica posizione vera: la *disponibilità assoluta*. L'uomo non ha più l'affanno della ricerca, ma solo una strada da seguire: «Perché affannarsi tanto, se è così semplice obbedire?» (Così fa dire Paul Claudel a un suo personaggio, nel dramma *L'annuncio a Maria*).

Dio premia la fedeltà di chi accetta tutto da Lui, di chi resta disponibile, aperto alla Sua volontà. Quando l'uomo ha imparato la lezione della fede, ad adattarsi cioè alle vie di Dio, allora «Egli viene» – Dio viene, come l'angelo che salvò Isacco per Abramo.

Ma nella storia Egli viene come Persona, e ci introduce nella Sua *compagnia*.

[10] Gn 22, 1-14.

CAPITOLO SECONDO

GESÙ

Risalendo a Dio soltanto dalle realtà concrete, l'uomo trova dei baluginii, come luci errabonde. Ma la misericordia di Dio ha fissato dei punti di riferimento ben più luminosi, i profeti: essi sono stati come «lucerna che splende in luogo oscuro, fino a che non spunti il giorno».[1]

E per ultimo la Sua sapienza e la Sua bontà dovevano riservare ad un momento della storia qualcosa di infinitamente più grande e definitivo: «Dopo avere Iddio in antico, in più riprese e in molti modi parlato ai nostri padri per mezzo dei profeti, in questi ultimi tempi parlò a noi per mezzo del Figlio suo».[2]

Come c'è una data per le imprese di Cesare o di Napoleone, così c'è una data per Uno che ha parlato, in un preciso luogo della terra, e quest'Uno era il Figlio di Dio: «L'anno decimo quinto dell'impero di Tiberio Cesare, essendo Ponzio Pilato procuratore della Giudea, Erode tetrarca della Galilea e Filippo suo fratello tetrarca della Iturea e della Traconitide, e Lisania tetrarca dell'Abilene, sotto il sommo sacerdozio di Anna e Caifa...».[3]

Come è nato storicamente il problema cristiano?

Dobbiamo metterci nei panni di coloro che videro Cristo.

[1] 2 Pt 1, 19.
[2] Eb 1, 1-2.
[3] Lc 3, 1-2.

Leggendo la pagina che storicamente descrive il primo momento in cui insorse il problema, troviamo che delle persone incontrarono un individuo non certo da loro previsto, il quale immediatamente fece su di loro una tale impressione che esse sentirono subito di dover aderire a quello che diceva:

«L'indomani, Giovanni stava ancora là con due dei suoi discepoli, e fissando Gesù che passava disse: "Ecco l'Agnello di Dio". I due discepoli, sentendolo parlare così, seguirono Gesù. Gesù si voltò, vide che lo seguivano e disse loro: "Che cosa cercate?". E quelli gli dissero: "Rabbi", che si traduce: Maestro, "dove abiti?". Dice loro: "Venite e vedrete". Andarono, dunque, a vedere dove abitava e rimasero presso di lui quel giorno. Era circa l'ora decima.

Andrea, il fratello di Simon Pietro, era uno dei due che, udite le parole di Giovanni, aveva seguito Gesù. Egli incontra dapprima suo fratello Simone e gli dice: "Abbiamo trovato il Messia", che vuol dire: unto. E lo condusse a Gesù. Gesù fissandolo gli disse: "Tu sei Simone, il figlio di Giovanni; tu ti chiamerai Cefa", che vuol dire: Pietro. L'indomani Gesù decise di partire per la Galilea. Incontra Filippo e gli dice: "Seguimi". Filippo era di Betsaida, città di Andrea e Pietro. Filippo incontra Natanaele e gli dice: "Colui di cui scrissero Mosè nella legge e i profeti, l'abbiamo trovato: Gesù, figlio di Giuseppe, da Nazareth". Gli disse Natanaele: "Da Nazareth può venire qualcosa di buono?". Gli dice Filippo: "Vieni e vedi". Gesù vede venire a sé Natanaele e dice di lui: "Ecco davvero un Israelita in cui non c'è inganno". Gli dice Natanaele: "Come mi conosci?". Gli rispose Gesù: "Prima che Filippo ti chiamasse, quand'eri sotto il fico, io ti ho veduto". Gli rispose Natanaele: "Rabbi, tu sei il Figlio di Dio, tu sei il Re d'Israele!". Gli rispose Gesù: "Perché ti ho detto: 'Ti ho visto sotto il fico' tu credi? Vedrai cose più grandi di queste!". E gli dice: "In verità, in verità vi dico: vedrete il cielo aperto e gli angeli di Dio salire e scendere sul Figlio dell'uomo"».[4]

Quando Gesù, non molto tempo dopo, fu invitato ad un banchetto e vi andò con gli apostoli ed operò la conversione dell'acqua in vino (primo miracolo operato in Galilea), il Vangelo commenta: «e credettero allora in Lui i suoi amici».[5] Ma non avevano già creduto prima?

Sì, avevano già creduto, ma la certezza cresceva secondo un divenire che la convivenza con Lui assicurava (questo stesso fenomeno è riferibile alla storia del rapporto con qualsiasi nostro amico). La loro certezza veniva verificata e valorizzata ogni volta che era confermata da un fatto di cui erano testimoni.

Tutti i giorni alcune persone vedevano Cristo operare determinate cose. Tranquillamente per anni Cristo aveva dimostrato la sua capacità di penetrazione delle situazioni e della gente, il suo amore, l'intelligenza della sua dialettica, la potenza della sua personalità.

Ora si capisce come un giorno, dopo un miracolo, alcuni suoi fedeli si chiesero: «Ma chi è costui a cui il vento e le acque obbediscono?».[6]

Tutti sapevano chi era, da quale famiglia veniva, gli abitavano accanto; ma la sua statura, il suo modo di fare erano talmente eccezionali che spontaneamente nasceva la domanda: ma chi è? Nessuno sapeva risponder vi; e i più seri – amici o nemici – posero finalmente a Lui la domanda. Ed Egli rispose. Una risposta imprevedibile per la testa della gente. Ha dichiarato il suo essere Dio.

E subito la gente si divise in due.

[4] Gv 1, 35-51.
[5] Gv 2, 11.
[6] Mt 8, 27.

I suoi avversari dalla risposta trassero lo spunto per condannarlo.

«Gli dissero dunque i Giudei: "Non hai ancora cinquant'anni ed hai veduto Abramo?". Disse loro Gesù: "In verità, in verità vi dico: prima che Abramo fosse, io sono". Presero allora dei sassi per gettarglieli, ma Gesù si nascose e uscì dal Tempio.»[7]

«Pilato disse loro: "Prendetelo voi e crocifiggetelo! Io non trovo in lui nessun motivo di condanna". I Giudei gli risposero: "Noi abbiamo una legge e secondo la legge deve morire: poiché ha detto di essere il Figlio di Dio".»[8]

Essi percepivano nelle espressioni con cui Egli si definiva qualcosa che non rientrava nelle loro categorie di interpretazione biblica e soprattutto di concezione del divino.

Il gruppo che lo seguiva sempre non capì la risposta, ma la trattenne. Gesù generava una tale certezza da far dire loro: se non crediamo in lui non dovremmo credere neanche ai nostri occhi. Essi trattennero con fedeltà anche senza capire, perché non credere era andare contro un'altra evidenza troppo grande: «Tu solo hai parole che spiegano la vita».[9] Erano coloro per i quali Gesù aveva detto: «Ti glorifico, Padre, Signore del cielo e della terra, perché hai nascosto queste cose ai sapienti e agli scaltri e le hai rivelate ai semplici. Sì, Padre, perché tale è stato il tuo beneplacito. Tutto mi è stato dato da mio Padre, e nessuno conosce il Figlio se non il Padre, e nessuno conosce il Padre se non il Figlio e colui al quale il Figlio voglia rivelarlo».[10] La risposta che Gesù aveva dato era imprevedibile, ma una volta udita essa corri-

[7] Gv 8, 57-59.
[8] Gv 19, 6-7.
[9] Gv 6, 68.
[10] Mt 11, 25-27.

spondeva a quello che Lui dimostrava, molto più che tutte le ipotesi che la fantasia o la intelligenza della gente formulava. Restava misteriosa, ma si adattava più di ogni altra a quello che Lui era.

Pure, per riconoscere questo, occorreva un «resto» di autentico senso religioso, una umiltà di spirito.

Come la storia ricorda avvenimenti d'avventura, di guerra o di scoperta, così uno storico afferma: «Dio nessuno lo ha visto. L'unigenito Figlio che è nel seno del Padre ce lo ha fatto conoscere».[11]

Con un simile fatto il senso religioso dell'uomo si incontra con il suo Oggetto con la stessa immediatezza con cui si imbatte l'uomo nell'uomo. Il rapporto cessa di essere interpretazione o impressione evidente di grandi momenti, ma diventa abituale *convivenza* in cui l'Oggetto divino indica i termini dei desideri e traccia la fisionomia delle azioni: tutto l'uomo diventa discepolo e tutta la sua espressione diviene imitazione del mistero ultimo, fatto *gesto visibile* al suo fianco.

Cristo ricorda nell'ultimo Suo discorso agli apostoli il significato della sua Presenza. È il suo testamento; là dove uno raccoglie i valori della sua esperienza e compie la sua ultima offerta con quella essenziale dignità che il dramma della morte impone. È l'affermazione della iniziativa divina nella compiutezza della sua misteriosa possibilità.

«Io non vi chiamo più servi, perché il servo non sa quel che fa il suo padrone; vi ho chiamato amici, perché vi ho fatto conoscere tutto quello che ho udito dal Padre mio. Non voi avete scelto me, ma io ho scelto voi e vi ho

[11] Gv 1, 18.

destinati ad andare a portare frutto, e il vostro frutto permanga.»[12]

Un massimo di comunicazione: «Vi ho fatto conoscere tutto...»; e questo «tutto» include il tremendo segno che di questa comunicazione la sua esistenza avrebbe dato, la Croce: «Nessuno ha un amore più grande di questo, che uno dia la vita per i suoi amici».[13]

Ma nello stesso tempo, un massimo di libertà sovrana: «io ho scelto voi». In questa divina iniziativa, l'uomo non può nulla pretendere o imporre. E il concetto di «elezione» esprime in modo perfetto la trascendenza totale dei disegni divini, mentre l'analogo concetto di «chiamata» rivela la personale e amorevole sollecitudine di Dio che – dopo la venuta di Cristo – chiaramente non va disgiunta mai dalla sua signoria assoluta.

Ma che cosa Gesù ci ha fatto conoscere, rendendoci noto «tutto»?

In quella sera «Filippo gli disse: "Signore mostraci il Padre e ci basta". Gesù rispose: "Da tanto tempo sono con voi, e non mi avete conosciuto? Filippo, chi vede me vede il Padre. Come dunque puoi dire: mostraci il Padre? Non credi tu che io sia nel Padre e il Padre in me? Le parole che io vi dico, non le dico da me stesso; ma il Padre che è in me compie le opere. Non credete che io sono nel Padre e che il Padre è in me?"».[14]

Sancta Trinitas, unus Deus: Cristo ci ha svelato il mistero stesso dell'esistenza divina. Proprio in quell'«oltre» in cui la ragione non potrebbe mai penetrare, Cristo ci ha fatto entrare. «Ponendo il suo Io in primo piano nel suo messaggio, apre la via che conduce al Padre: ci insegna a scoprire il Noi delle persone divine: il Padre e il

[12] Gv 15, 15-16.
[13] Gv 15, 13.
[14] Gv 14, 8-11.

Figlio che scambievolmente si comunicano la vita in un medesimo spirito d'Amore.»[15]

Tale rivelazione porta l'uomo a conoscere la natura più segreta dell'Essere. Nessuna scoperta umana potrà mai raggiungere un oggetto più profondo e definitivo. L'Essere non è appena unità, ma è amore: «Dio è amore». L'Essere è originalmente comunità di tre persone nell'unità della natura.

Questa comunicazione suprema e definitiva di Dio a noi non solo non diminuisce o attutisce la nostra soggezione a Lui, ma provoca la dipendenza più completa che si possa immaginare. La dipendenza servile, anche quando fosse precisa, non sarebbe ancora dipendenza veramente integrale. La *dipendenza* totale è solo nell'*Amore*. Nel rapporto di amore la volontà dell'altro non mi vien dettata, ma è come se fosse mia: la volontà dell'altro è mia volontà. L'amore soltanto realizza quindi quella pienezza di dipendenza che raggiunge fin alle sue sorgenti la mia personalità e dà ad essa il volto stesso della persona amata. «Non sono più io che vivo; Cristo vive in me».[16]

Proprio, perciò, la comunicazione e l'apertura più grande che Dio ha realizzato verso l'uomo, proprio il suo «abbassamento» più impensabile è riuscito a realizzare anche nel suo valore più pieno quella «dipendenza» totale della creatura che la storia religiosa dell'umanità non aveva saputo salvare; dipendenza che i grandi spiriti dell'Antico Testamento avevano vissuto come servi fedeli, ma che soltanto in Cristo avviene in purità inconfondibile come possibilità quotidiana per ogni uomo che viene in questo mondo: «...Come tu, Pa-

[15] Braun, *Gesù. Storia e Critica*, 1956, p. 150.
[16] Gal 2, 20.

dre, sei in me ed io sono in te, anch'essi siano uno in noi... Io sono in loro e tu in me, affinché siano perfetti nell'unità e il mondo riconosca... che li hai amati, come hai amato me».[17]

Massimo dell'unità tra Dio e la creatura. Massimo di dipendenza dell'io da Dio.

La storia di questa meravigliosa conquista è così vissuta da san Paolo: «La Legge (cioè l'Antico Testamento) è stata la nostra guida a Cristo, affinché per via della fede fossimo giustificati; venuta la fede non abbiamo più bisogno della guida. Infatti siete tutti figli di Dio per la fede in Cristo Gesù; quanti vi siete battezzati in Cristo, vi siete rivestiti di Cristo. Non vi è più né giudeo, né greco, non vi è schiavo né libero, né maschio né femmina, ma tutti voi siete uno solo in Cristo Gesù. E se voi siete di Cristo, siete seme di Abramo, eredi secondo la promessa. Ora io dico: per tutto il tempo che un erede è fanciullo, non differisce per niente da un servo, pur essendo padrone di tutto, e sta sotto tutori e amministratori fino al tempo stabilito dal Padre. Così anche noi, quando eravamo fanciulli, eravamo schiavi sotto gli elementi del mondo, ma quando venne la pienezza dei tempi, Dio mandò suo Figlio, nato da donna, nato sotto la Legge, per riscattare quelli che erano sotto la Legge, e fare che noi ricevessimo l'adozione di figli. E perché siete figli, mandò Iddio lo Spirito del Figlio Suo nei vostri cuori, il quale grida: "Abba" (Padre). Sicché tu non sei più servo ma figlio e, se figlio, anche erede per opera di Dio».[18]

Non più incerta ed errante ricerca. Non più rapporto del servitore col padrone, che lo tiene ai margini della sua vita.

[17] Gv 17, 21-23.
[18] Gal 3, 24-29; 4, 1-7.

Ma l'adesione totale dell'amore, in una compagnia precisa col mistero divenuto misura inevitabile dell'umana convivenza.

Questo è il culmine dell'attuazione del senso religioso.

PARTE QUARTA

PRESENZA E STORIA

CAPITOLO PRIMO

CHIESA: PRESENZA DI CRISTO

Ricerca a tastoni, dipendenza del servo, amore filiale sono i tre momenti possibili del senso religioso nella storia umana e nella storia individuale. La ricerca, affidata all'intuizione che il singolo può avere del valore massimo della vita, del Dio; il rapporto servile, che l'uomo ha con ciò che gli si è rivelato come assoluto Signore e Giudice ultimo; l'amore dell'uomo per ciò che ha incontrato e gli si è mostrato nella vita come Amico e Padre.

Sono le tre tappe fondamentali nel cammino verso il Fine, e anche oggi possono esistere nell'uomo tutte e tre queste disposizioni interiori.

Ma soltanto l'ultimo modo è quello storicamente definitivo: quello per cui è venuto il Cristo. «Ho sete» ha detto Gesù. «Sono venuto a portare il fuoco sulla terra: che altro voglio, se non che s'accenda?»

Gli altri momenti del senso religioso debbono preparare il senso di Cristo. «Budda, Zoroastro, Confucio possono anche essere considerati come precursori di Cristo. Ma la caratteristica del precursore... è di cancellarsi quando appare chi egli ha la missione di introdurre. Che se non lo fa, diventa avversario.»[1]

Per questo c'è una grandissima differenza tra le anime religiose a seconda che conoscano o no il Cristo. Queste confidano interamente nel loro genio religioso: «Sono apostoli di se stessi, non hanno altra verità da

[1] J. Daniélou, *op. cit.*, p. 21.

annunciare che quella misurata dalla loro capacità umana, mancano del "mistero"».[2] Quelle sono unicamente al servizio della Parola divina: Budda o Maometto possono avere avuto genialità ed iniziativa molto maggiori di san Pietro o del curato d'Ars, ma la gloria di questi ultimi è di essere servitori fedeli della volontà del Padre.[3]

L'incontro con Cristo – da parte delle persone che vissero con Lui – veniva inevitabilmente ridotto dalla loro ragione umana a dimensioni normali, ma la convivenza con Lui accentuava la sproporzione tra quello che quell'uomo rappresentava e le categorie che ognuno cercava di applicarvi. Si trattava di un incontro umano la cui esperienza portava alla conclusione che un tale incontro era inspiegabile per la mentalità dell'uomo.

Ciò che in particolare aumentava il senso della sproporzione e il senso di una totalità definitiva d'esperienza era che, accostando quell'uomo, le persone si sentivano come mai si erano sentite, capivano la vita come mai l'avevano capita, si sentivano completati come non avevano mai potuto supporre.

Era evidente una corrispondenza con Lui sempre più totale, che con la convivenza diventava compiuta certezza.

Ma come fare ad arrivarvi ora?

È necessario applicare il metodo con cui quel fatto si è palesato: in un incontro presente, esistenziale, in cui si verifichi una proposta. Si deve trattare di una esperienza umana, che raggiunge, percuote di dentro, ma in

[2] Mons. G. B. Montini, *Pastorale Diocesi Milano per la Quaresima 1957.*
[3] Cfr. J. Daniélou, *op. cit.*, p. 13.

cui ci si imbatte di fuori, attraverso un fatto, un incontro integralmente umano.

«Nessuno può andare al Padre, se non per mezzo mio.»[4] Questo dice con fermezza Gesù. Egli è la via che conduce a Dio, l'unica via, di fatto, oggi, aperta agli uomini. Ma come percorrerla? Come ritrovare il Cristo che duemila anni fa camminava sulle strade della Galilea e della Giudea?

Ciò che è lontano da noi, in qualsiasi modo (in una lontananza fisica o psicologica o storica), è difficile da comprendere e da raggiungere.

Non possiamo arrivare a qualcosa di lontano se non partendo dal presente: attraverso il momento presente ci si può addentrare nel passato, esplorare lontano, penetrare con anticipo nel futuro. Lo strumento che ci fa capire un passato, una lontananza, deve essere qualcosa di già presente per noi, che ci tocca ora, che ci fa reagire ora.

Cristo è un fatto del passato ed un valore che si presenta come soprannaturale. Non potremmo vagliarlo con sicurezza se non ci fosse *ora* qualcosa che ci permetta di giudicarlo adeguatamente.

Egli perciò ha voluto prolungare la sua presenza nella storia. «Come Tu mi hai mandato nel mondo, anch'io li ho mandati nel mondo.»[5] «Gesù disse loro di nuovo: "Pace a voi! Come il Padre ha mandato me, anch'io mando voi". Ciò detto alitò sopra di essi e disse loro: "Ricevete lo Spirito Santo: a chi rimetterete i peccati saranno rimessi, a chi li riterrete, saranno ritenuti".»[6]

Lo scopo della venuta di Cristo è di comunicare agli

[4] Gv 14, 6.
[5] Gv 17, 18.
[6] Gv 20, 21-23.

uomini la salvezza di Dio. Gli apostoli (e i loro successori) entrano col Cristo nel flusso del suo Spirito e partecipano della missione stessa di Gesù. Introdurre l'umanità nel rapporto definitivo col mistero di Dio è la loro funzione fondamentale: è il compito per cui sono stati scelti.

Ma anche tutti i cristiani sono chiamati a far parte, con i Vescovi, di questa scelta e della responsabilità di questa funzione. Al termine del discorso dell'Ultima Cena, dopo aver pregato per gli Apostoli, raccolti con Lui, Cristo dice: «Prego non solamente per essi, ma anche per quelli che mediante la loro parola crederanno in me, affinché siano tutti uno; come Tu, Padre, sei in me ed io sono in te, anch'essi siano uno in noi, affinché il mondo creda che tu mi hai mandato. Io ho dato loro la gloria che tu hai dato a me, affinché siano uno, come noi siamo uno; io in loro, e tu in me, affinché siano perfetti nell'unità, e il mondo riconosca che tu mi hai mandato e che hai amato loro come hai amato me».[7]

Questa unità dei cristiani e degli Apostoli con il Cristo, e mediante lui con il Padre, è la Chiesa.

Ecco dov'è ora Cristo: dov'è la Chiesa.

«Siano perfetti nell'unità e il mondo riconosca che tu mi hai mandato e che hai amato loro, come hai amato me.»

Cristo è rimasto per essere oggetto d'incontro, incontro umano, proprio come ci si imbatte in una persona. Ed è rimasto nella storia svolgendo la sua fisionomia nella vita della sua comunità (il «corpo mistico» di Cristo). Qui irrompe la potenza del mistero: nella comunità totale dei cristiani, o Chiesa.

[7] Gv 17, 20-23.

Il modo quindi per «sperimentare» la presenza di Cristo è incontrare e vivere insieme la sua comunità, che è la sua fisionomia a livello della nostra storia. Vivere la comunità della Chiesa oggi, come la accostiamo, secondo la sua emergenza nell'ambiente in cui siamo.

Metodologicamente è solo vivendo la comunità cristiana presente che si può acquisire una adeguatezza al problema di Cristo.

La partecipazione alla comunità di Cristo fa accadere in noi una nascita di misure proporzionate all'ipotesi che viene proposta. Dentro questa vita di comunità c'è la misura del trascendente.

Se l'umanità è fatta per cercare Dio attraverso Cristo e se Cristo è trovato nell'unità dei cristiani, allora appartenere alla Chiesa, essere cristiani è la funzione suprema che un uomo è chiamato a svolgere nel mondo.

Funzione più importante di qualsiasi altra, perché le riassume tutte e ne fa emergere il valore definitivo, che è quello del lavoro compiuto per una costruzione in cui nulla va perduto e in cui l'uomo possa vedere attuati tutti i suoi desideri – la costruzione di quel «regno celeste – che compie omne festo – che 'l core ha bramato».[8]

Non è una presunzione: è un «peso» («giogo»), è una responsabilità. Ma è certo una scelta di predilezione, così come solo Dio sa prediligere, cioè senza che la pienezza del suo Essere si arresti di fronte ad un particolare, ma con l'assunzione di ogni particolare per affermare un disegno d'amore che tiene conto di tutto e di tutti. Perciò anche in noi rivive la gioia e la certezza di san Paolo: «Se Dio è per noi, chi sarà contro di noi? Colui che non risparmiò il proprio Figlio, ma per tutti noi lo

[8] Jacopone da Todi, Lauda *O novo canto*.

diede, come non ci donò anche ogni cosa con lui? Chi porterà accuse contro gli eletti di Dio? Se Dio li giustifica chi li condannerà? Cristo Gesù è colui che è morto, anzi risuscitato; il quale sta alla destra di Dio e intercede per noi. Chi ci separerà dall'amore di Cristo? La tribolazione o l'angoscia o l'affanno o la nudità o il pericolo o la persecuzione o la spada? (Se non che sta scritto: per cagion tua siamo tratti a morte durante tutto il giorno, siamo stati considerati come pecore da macello.) Ma in tutte queste cose siamo più che vincitori per opera di colui che ci ha amato. Poiché io sono persuaso che né morte né vita né angeli né principati né virtù né cose attuali né future né potestà né altezza né profondità né alcuna creatura potrà separarci dall'amore di Dio che è in Cristo Gesù Signore nostro».[9]

[9] Rm 8, 31-39.

CAPITOLO SECONDO

CHIESA: OPERA DI REDENZIONE

Se la Chiesa è la continuità di Cristo nel tempo e nello spazio, essa è per il senso religioso di ogni uomo quello che è Cristo.

Con Cristo la rivelazione del mistero si compie (infatti è dottrina certa che con la morte dell'ultimo apostolo la rivelazione divina all'umanità è terminata). Nessun sviluppo della scienza umana potrà raggiungere una realtà più finale; nessun principio più sapiente potrà essere trovato come direttiva per la vita presente.

Cristo è così la verità della vita. Il senso religioso ha definitivamente trovato la sua certezza, nella fede in Lui. Cristo è come il pilastro fondamentale della vita del senso religioso; Egli è la «pietra d'angolo». Egli è la «roccia» su cui l'uomo sapiente costruisce la casa che né venti né tempeste possono far crollare.

A Lui si può applicare quel che di Jahvè diceva l'Antico Testamento: «La roccia, la sua opera è perfetta, ...è un Dio fedele e senza iniquità. Egli è giusto e leale».[1]

È quanto ripete il grido dell'Apocalisse, che chiama Cristo «Amen», che è espressione ebraica indicante certezza, solidità, sicurezza: «Ecco ciò che dice l'Amen, il testimone fedele e veritiero, il principio della creazione di Dio».[2]

[1] Dt 32, 4.
[2] Ap 3, 14.

Questa funzione di verità e di certezza, propria di Cristo, si realizza nel presente di ogni uomo attraverso l'Autorità che governa la Chiesa. In che modo? In quanto Cristo ha affidato ad essa il fatto della Sua Rivelazione, l'ha come consegnato ad essa, da conservare in ogni età della storia, da conservare nella sua intangibile originalità d'iniziativa divina, da conservare, cioè, con perenne infallibilità. L'autorità della Chiesa – Papa e Vescovi – sono il Pilastro di sostegno del senso religioso di ogni età, sono la Roccia su cui lo spirito umano può costruire il suo rapporto con Dio.

È proprio sotto la rupe di Cesarea di Filippi, e usandola come simbolo, che Cristo promise a Pietro il primato.

«Simon Pietro rispose: "Tu sei il Cristo, il Figlio del Dio vivente". Gesù gli replicò: "Tu sei beato, Simone figlio di Giona, perché né la carne né il sangue te l'han rivelato, ma il Padre mio che sta nei cieli. E io ti dico che tu sei Pietro e sopra questa pietra edificherò la mia Chiesa, e le porte dell'inferno non prevarranno contro di essa".»[3]

Fondamento e sostegno della verità religiosa non è una certezza che sorge nel rapporto diretto fra l'uomo singolo e Dio. E neppure in ciò che la coscienza scopre nella lettura dei libri sacri. Cristo ha voluto diversamente. I libri sacri sono affidati all'interpretazione autentica dell'autorità della Chiesa. E il sentimento della coscienza religiosa del singolo deve rapportarsi come a paradigma col giudizio sicuro di coloro che Cristo pose a reggere la comunità dei credenti.

Si può quindi concludere che il senso religioso, lontano da questa «pietra», – che prolunga nei secoli l'unico Fondamento, Cristo – costruisce invano, costruisce sulla sabbia.

[3] Mt 16, 16-18.

La Rivelazione non si conserva meccanicamente. Essa è stata affidata alla Chiesa, che è composta di uomini. Perciò sul dato rivelato si deve esercitare l'umana intelligenza. Essa dovrà interpretare, esprimere esattamente, armonicamente coordinare. Ma l'intelligenza che si esercita sul mistero rivelato non è solo ragione. È la ragione investita ed elevata dalla virtù della fede, infusa nel battesimo. Questo lume della fede, che porta, per così dire, la ragione a livello del mistero, viene a sua volta potenziato e sviluppato dai doni dello Spirito Santo, che danno una sensibilità sempre più acuta ed intima verso le realtà divine; per cui il mistero diventa sempre più luminoso, e quasi si rende – sia pure oscuramente – in qualche modo esperienza (vita mistica).

La vita mistica è vocazione di tutti: «per Spiritum Sanctum qui datus est nobis». E questa attività spirituale di tutti diventa aiuto e collaborazione all'autorità, cui solo spetta autenticamente definire e tracciare il segno della via a Dio.

Se si vuol riassumere i passi che il senso religioso compie nel cammino verso il Vero cristiano si potrà dire che esso inizia come istruzione (partecipazione al vero); prosegue approfondendosi come meditazione (studio); termina come contemplazione (visione oscura).

Quanto più lo spirito dell'uomo, guidato dalla Chiesa, si è reso familiare la verità di Cristo, tanto più questa penetra il suo modo di concepire tutte le cose e di impostare tutta l'esistenza. È così che una determinata cultura e quindi una determinata civiltà possono essere investite dallo spirito cristiano; tutti i loro valori e i loro contenuti autenticamente umani vengono assunti in una integrazione profonda, dal principio di vita e di conoscenza cristiano, accade in essi un esaltante compimento, come Gesù parlò del suo rapporto con la Legge. «Non crediate che io sia venuto per abolire la Legge o i profeti: non sono venuto per abolire, ma per portare a compimento. Poiché, in verità, in verità, vi dico: prima che passi il cielo e la terra, non uno iota, non un apice passerà della Legge, finché tutto si compia. Chi dunque violerà uno solo di questi comandamenti, anche i minimi, e insegnerà agli uomini a far lo stesso, sarà considerato minimo nel Regno dei Cieli; chi invece li avrà praticati e insegnati, sarà considerato grande nel Regno dei Cieli.»[4]

«Perciò ogni scriba divenuto discepolo del Regno dei Cieli è simile ad un padrone di casa che trae dal suo tesoro cose nuove ed antiche.»[5]

Per quanto il mistero di verità cristiano non istituisca in sé determinata cultura e quindi non istituisca in sé determinata civiltà, quando esso sia vissuto come paradigma ideale e radicalmente influisca sulle preoccupazioni e le impostazioni di un'epoca, allora si può parlare della cultura e della civiltà di quell'epoca o di quell'ambiente come di cultura e civiltà cristiane.

Con Cristo non solo si compie l'Antico Testamento, cioè la rivelazione del mistero di Dio, ma si inizia il Nuovo Testamento, si inizia cioè *il mistero definitivo del mondo*.

Con Cristo si attua la comunione personale di Dio con l'uomo e la sua storia.

«Benedetto Iddio e Padre del Signore nostro Gesù Cristo, il quale ci ha benedetti con ogni benedizione spirituale, celeste, in Cristo, in quanto ci ha eletti in lui prima della fondazione del mondo, a essere santi e irreprensibili nel suo cospetto, per amore, avendoci prede-

[4] Mt 5, 17-19.
[5] Mt 13, 52.

stinati ad essere suoi figli adottivi per mezzo di Gesù Cristo, secondo la benignità del suo volere...».[6]

Questa «adozione» non è puro simbolo. Per essa l'uomo è come portato oltre se stesso, dentro la vita stessa di Dio. Per essa l'uomo partecipa in un modo reale alla generazione stessa del Verbo dal Padre: è «grazia», «dono». Per la nostra esistenza terrestre è tale destino ed è tale grandezza che ci resta astratta e ci pare lontana e arida, come cosa che non si attacca alla nostra esperienza, ottusa, sì, ma quotidianamente concreta. «Non è ancora manifesto quello che siamo»,[7] scriveva san Giovanni ai primi cristiani. Ma non può non impressionarsi la nostra coscienza, quando con umile attenzione senta le parole di Cristo nell'Ultima Cena, e ne mediti il mistero dell'incomprensibile paragone: «Conserva nel tuo nome coloro che tu mi hai dati affinché siano uno, come noi siamo uno .. Io in loro e tu in me, affinché siano perfetti nella unità e il mondo riconosca che tu... hai amato loro come hai amato me».[8]

Come si realizza questa comunicazione personale di Dio?

Essa si è attuata attraverso i *gesti* della nuova alleanza, attraverso cioè l'opera della incarnazione.

Ma questi gesti continuano nei secoli, invadono la terra, vogliono raggiungere ogni uomo: sono i *sacramenti*. In questi momenti, in cui la comunità cristiana sviluppa tutta la potenza che le viene dalla sua origine e dalla presenza che è in essa, si opera nell'uomo una partecipazione all'Essere a un livello più profondo, «soprannaturale» («grazia santificante») – per cui avviene

[6] Ef 1, 3-6a.
[7] 1 Gv 3, 2.
[8] Gv 17, 11 e 23.

il mistero di una vera nuova realtà nel mondo. «Gesù rispose a Nicodemo: "In verità ti dico: nessuno può vedere il regno di Dio se non nasce di nuovo... Ciò che è nato da carne è carne; ciò che è nato dallo spirito è spirito".»[9] «Voi siete stati rigenerati non da un seme corruttibile, ma da un seme incorruttibile.»[10]

«Se uno è in Cristo è una nuova creazione; ciò che era antico è passato: ecco il nuovo è sorto.»[11]

In concreto la comunicazione personale di Dio incomincia per ogni uomo nel mistero del Battesimo – vera creazione nuova – e si compie nella Eucarestia.

E come il nuovo rapporto dell'uomo con Dio si origina nel sacrificio della croce, così la Messa rende continuamente presente la Origine di tutti i sacramenti, la Fonte di tutta la comunicazione soprannaturale. Essa resta perciò il fulcro della vita nuova del senso religioso.

La liturgia è lo sviluppo organico, in discorsi ed azioni, di questi gesti sacramentali in cui Dio si comunica all'uomo. Essa perciò è il luogo concreto dove il senso religioso può raggiungere il suo Oggetto divino con la massima certezza e sicurezza che possa venir concessa all'uomo in cammino.

La liturgia non solo è il luogo di incontro più personale con Dio, ma è pure il più perfetto strumento di educazione del senso religioso, la più sicura e completa pedagogia che maturi l'infantile e involuto spirito umano a quel misterioso incontro.

Rinuncia all'affermazione autonoma ed indipendente di se stessi per integrarsi nel tutto organico della comunità; impegno di tutto se stesso, per arricchire la co-

[9] Gv 3, 3 e 6.
[10] 1 Pt 1, 23.
[11] 2 Cor 5, 17.

munità della propria irrepetibile personalità; ecco due fondamentali direttrici educative dello spirito liturgico.

Occorre che lo spirito della liturgia investa l'esistenza tutta della persona. Occorre che attraverso la persona essa invada la società in tutti i suoi livelli comunitari.

Occorre che attraverso le comunità sociali lo spirito della liturgia animi il moto della storia e del cosmo.

In essa così il senso religioso svilupperebbe finalmente quella potenzialità per cui partecipa al Mistero («Facciamo l'uomo a nostra immagine e somiglianza» dice Dio creatore nella Bibbia), quella energia ultima che investa l'opacità delle cose e le sciolga in trasparenza. Così che allo sguardo assetato dello spirito dell'uomo si palesi, pur oscura, la sagoma della Mano che traccia il segno del mondo.

LA COSCIENZA RELIGIOSA NELL'UOMO MODERNO

UNA PREMESSA

Reinhold Niebuhr ha osservato molto acutamente che «gli uomini raramente apprendono ciò che credono già di sapere». Sono persuaso che a proposito del fatto religioso in genere, e del cristianesimo in particolare, tutti crediamo già di sapere. Invece non è impossibile, riaffrontandolo, approdare a qualche aspetto di conoscenza nuova.

In questa conversazione[1] cercherò di identificare innanzitutto una situazione culturale e sociale nel suo aspetto impeditivo di una coscienza religiosa autentica e, in secondo luogo, l'atteggiamento del cristianesimo di fronte a tale fatto.

Si avverte comunque oggi la coscienza dell'uomo molto più disponibile a quel senso religioso con cui la ricerca del destino coincide, una disponibilità che anni fa non riuscivo a notare. Sembra esserci una rinascita della vocazione umana a mettersi in rapporto con il suo significato; ma mi pare che se ne sia parlato in modo tale che essa non ne sia stata favorita.

Questi brevi appunti vorrebbero dare un contributo a chiarezza e positività nell'impresa.

[1] Il testo riferisce il contenuto di una conferenza tenuta da don Giussani in alcune sedi universitarie italiane ed estere.

PARTE PRIMA

«È L'UMANITÀ CHE HA ABBANDONATO LA CHIESA?...»

(T. S. Eliot, VII Coro
da «La Rocca»)

CAPITOLO PRIMO

UNA DIMENTICANZA NEL PERCORSO RELIGIOSO DELL'UOMO

Il ponte tra l'uomo e il destino

Per affrontare ciò che intendo dire prenderò spunto da una pagina del poeta inglese Thomas Stearns Eliot che nel settimo dei suoi Cori da «La Rocca» rievoca poeticamente la storia religiosa dell'umanità.[1]

Prima il cosmo è descritto come «Deserto e vuoto. E tenebre erano sopra la faccia dell'abisso». «Deserto e vuoto», «tenebre» coincidono con l'assenza di significato. Sarà infatti l'uomo a popolare il deserto e il vuoto: in lui la natura stessa parte per l'avventura inesauribile della ricerca del significato. Venne l'uomo e si scatenò subito il tentativo ininterrotto per immaginare, definire, realizzare teoricamente, praticamente ed esteticamente il nesso che corre tra il momento vissuto, passeggero ed effimero, ed il senso eterno, ultimo di esso. Qual è il significato dell'attimo contingente in relazione al tutto? L'uomo, in tutti i tempi, anche quando dichiarava l'opposto, ha affrontato e vissuto questo impegno interpretativo. La ricerca di questo nesso tra l'istante e il tutto – l'eterno – è un fenomeno inevitabile per l'umana ragione, perché l'uomo da sempre, e più profondamente di quanto non abbia avvertito gli altri suoi bisogni, ha vissuto l'urgenza di interrogarsi e di non lasciare inevasa la risposta sul fine ultimo del suo camminare.

Tra il polo dell'effimero e quello del destino ultimo

[1] T. S. Eliot, *Poesie*, Mondadori 1971.

scatta la scintilla della religiosità. E inizia così il lavoro per gettare «il ponte», direbbe Victor Hugo in una sua poesia, a centinaia e migliaia di arcate tra la sponda umana e la stella lontana.[2]

Così sono nate tutte le religioni: la religione, infatti, altro non è che il tentativo di costruzione teorica, etica e rituale del modo con cui l'uomo immagina il rapporto con il suo destino. Tale immagine porta con sé un certo modo di pensare, di vedere la realtà; stimola ad un certo atteggiamento verso quel destino immaginato – perciò spinge ad una certa moralità; infine richiede di vibrare esteticamente, poeticamente in certi riti, in certi gesti. La somma di questi modi di pensare, di agire, di ritualizzare è la religione.

Eliot dunque rievoca tale tradizione religiosa dell'umanità.

I grandi iniziatori di religioni hanno proposto agli uomini le loro offerte di cammino, quasi dicessero: «Venite con me; io vi insegnerò la via», oppure: «Questa è la strada della perfezione», o ancora: «Per essere utili alla storia, al mondo, questo è il sentiero da percorrere».

Un fatto anomalo

Ma ad un certo punto, continua il poeta, è insorto un fenomeno assolutamente anomalo. Non uno che abbia detto: fra il momento contingente che tu vivi e il significato eterno di esso, fra questo punto oscuro in cui sei e la stella più vicina nel cielo, bisogna seguire questa strada. S'è levata invece una Voce che ha preteso di identificare il Destino con sé. Non più l'uomo che indaga il mistero, che cerca di immaginarsi il suo destino,

[2] Victor Hugo, «Le pont», in *Les Contemplations*, Oeuvres Complètes, Editions Rencontre.

ma un uomo che ha osato dire: «Io sono quel Mistero, io sono il tuo destino». Non «Vi insegno la via», ma «Io sono la Via, la Verità, la Vita».[3]

«Quindi giunsero, in un momento predeterminato, un momento nel tempo e del tempo,
Un momento non fuori del tempo, ma nel tempo, in ciò che noi chiamiamo storia: sezionando, bisecando il mondo del tempo, un momento nel tempo ma non come un momento di tempo,
Un momento nel tempo ma il tempo fu creato attraverso quel momento: poiché senza significato non c'è tempo, e quel momento di tempo diede il significato.
Quindi sembrò come se gli uomini dovessero procedere dalla luce alla luce, nella luce del Verbo.
Attraverso la Passione e il Sacrificio salvati a dispetto del loro essere negativo;
Bestiali come sempre, carnali, egoisti come sempre, interessati e ottusi come sempre lo furono prima,
Eppure sempre in lotta, sempre a riaffermare, sempre a riprendere la loro marcia sulla via illuminata dalla luce.
Spesso sostando, perdendo tempo, sviandosi, attardandosi, tornando, eppure mai seguendo un'altra via.»[4]

Ecco le vivide immagini di Eliot che illustrano la storia cristiana di duemila anni.

Il Cristo ci ha lasciato uomini, ma ci ha consegnato l'impossibilità a fermarci, la tensione al destino. «Sempre in lotta.» Questa è la caratteristica antropologica più sensibile portata all'umanità dall'annuncio di Cristo. Da quel momento il mondo fissò i suoi anni, uno dopo l'altro, per quella strada. E sembrò che gli uomini

[3] Gv 14, 6.
[4] T. S. Eliot, *op. cit.*

dovessero progredire sempre «dalla luce alla luce», sempre pronti a riprendere, nonostante tutto, la via illuminata, camminando come potevano, ma camminando sulla scia di quell'Avvenimento senza paragoni.

Qualcosa è accaduto

«Ma sembra che qualcosa sia accaduto, che non è mai accaduto prima: sebbene non si sappia quando, o perché, o come, o dove.
Gli uomini hanno abbandonato Dio non per altri dèi, dicono, ma per nessun dio; e questo non era mai accaduto prima
Che gli uomini negassero gli dèi e adorassero gli dèi, professando innanzitutto la Ragione
E poi il Denaro, il Potere, e ciò che chiamano Vita, o Razza, o Dialettica.
La Chiesa ripudiata, la torre abbattuta, le campane capovolte, cosa possiamo fare
Se non restare con le mani vuote e le palme aperte rivolte verso l'alto
In un'età che avanza all'indietro progressivamente? ...
Deserto e vuoto. Deserto e vuoto. E tenebre sopra la faccia dell'abisso.
È la Chiesa che ha abbandonato l'umanità, o è l'umanità che ha abbandonato la Chiesa?
Quando la Chiesa non è più considerata, e neanche contrastata e gli uomini hanno dimenticato
Tutti gli dèi, salvo l'Usura, la Lussuria e il Potere.»[5]

Io credo che questo brano poetico, scritto circa cinquanta anni fa,[6] sia la descrizione profetica della situa-

[5] T. S. Eliot, *op. cit.*
[6] «La Rocca» è stato scritto da T. S. Eliot nel 1934 come un quadro storico in versi da rappresentare in un teatro londinese. I cori da soli hanno poi avuto pubblicazioni autonome.

zione religiosa della maggior parte degli uomini del nostro tempo.

Ritengo tale descrizione il modo migliore con cui porre l'accento sulla situazione religiosa dell'uomo di oggi, situazione in cui l'uomo cammina, vive, si agita; situazione perciò che ha un influsso sulla sua mentalità, sul suo cuore, sul suo gusto morale e sulle sue possibilità di speranza.

Nelle parole del poeta si trova chiarito il contesto in cui il senso religioso viene a trovarsi oggi: sommerso dal tentativo continuo di non farlo agire come un fattore esistenzialmente vivo, operante nel dinamismo educativo, nel dinamismo dei rapporti sociali, quasi per congelarlo come un fattore obliterato.

Ma il senso religioso, essendo il culmine della ragione – il futuro Paolo VI in una sua prima lettera come cardinale di Milano lo definì: «la sintesi dello spirito» –, come tale non può essere strappato, non può restare troppo a lungo eluso. Perciò, in un'epoca come la nostra, l'assenza di Dio copre la presenza di qualcosa d'altro. Anche una religiosità autentica oggi deve fare i conti con una trama sociale intessuta da una menzogna grave: si nega Dio, ma la dimensione religiosa, la ricerca del rapporto con Dio, tenta di realizzarsi comunque nel rapporto con «dèi» inconsci, non conclamati come tali.

Gli uomini possono certo eliminare il nome di tutti gli dèi, ma si troveranno in ogni caso e senza saperlo un «dio», in una schiavitù innaturale. Quelli che Eliot chiama Usura, Lussuria, Potere possono essere ricondotti ad una sola parola: la strumentalizzazione vicendevole fra gli uomini, proiezione compensativa d'una sudditanza ultima concepita in modo menzognero.

Eliot afferma che non si sa dove o come o quando o perché si sia creata questa situazione. Ma è proprio in una risposta sommaria a queste domande, attraversando la cautela del poeta, che ci vogliamo inoltrare.

CAPITOLO SECONDO

COME PUÒ ESSERE ACCADUTO

Per comprendere il processo di quell'avanzare «all'indietro, progressivamente», di cui parlava Eliot, possono essere decifrati dei punti di riferimento storici. La nostra situazione umana è l'esito di una eredità.

Possiamo dire, semplificando, che fino alla fine del Medioevo le società che avevano «riconosciuto» il «fatto anomalo» accaduto nella storia individuavano come origine, destino, ideale del cammino qualcosa di più grande: Dio. La varietà dei fattori costituenti la personalità umana e l'umana convivenza erano protesi a una unità, a comporsi e a realizzarsi in una unità, assicurando così una concezione non frammentata della persona e quindi del cosmo e della storia. L'impegno ideale che caratterizzava il Medioevo poneva la figura del Santo come immagine esemplare della personalità umana: una figura d'uomo che avesse realizzato l'unità di sé col proprio destino. È la frantumazione di questa unità e di questa figura d'uomo il grande cambiamento.

Lo scrittore francese Henri Daniel-Rops, quando, nel 1955, venne nominato Accademico di Francia, pronunciò per l'occasione un discorso[1] nel quale identificò i fattori del malessere eccezionalmente grave che diagnosticava nel cuore dell'uomo moderno. Fece risalire la matrice culturale di tale situazione ad una triplice radice che qui richiamerò brevemente commentandola e osservandola nella concatenazione del suo contenuto.

[1] Henri Daniel-Rops, in Semaine des intellectuels catholiques, Desclée de Brouwer.

Una di queste radici si ravvisa sistematizzata per la prima volta nell'Umanesimo. Quella tensione all'unità della persona umana, che bene era indicata dalla figura del santo, vissuta come ideale di una società, si rallenta fino a non esistere più.

La santità come ideale dell'uomo lo proiettava verso qualcosa di più grande di lui, e in questa tensione ad altro la perfezione evidentemente era l'unità di tutti i fattori umani in Dio. Se il nesso con ciò che è più grande dell'uomo viene eluso, la perfezione come totalità di fattori non può esistere, non è più concepibile. Potrà esistere allora una «performance» particolare nell'uno o nell'altro campo, potrà esistere una capacità particolare in un tipo di umana espressività o in un altro. Da questo punto in poi l'assetto della cultura che sarà influente sulla società si è come scheggiato in parzialità di sottolineature. All'ideale della santità medievale si sostituisce nell'Umanesimo l'ideale della *riuscita umana*: non più il Dio cui tutto deve confluire in unità armonica, ma il «divo», l'uomo riuscito che conta sulle sue forze. È nelle proprie forze che occorre sperare, sulle proprie energie che si scommette. Non importa in quale campo, ma occorre che la vita «riesca». È già filtrata come accettabile l'idea che non è così importante «riuscire» nella totalità della vita, ma è sufficiente riscuotere l'ammirazione in un particolare settore: l'estetica, il valore militare, la politica, l'erudizione. L'umanista Coluccio Salutati diceva: «Del cielo è degno l'uomo che fa grandi cose su questa terra». E se un uomo non ha goduto di circostanze favorevoli, dove ritrova la sua dignità, se essa non è più retta dal rapporto obiettivo con Dio, ma è consegnata alla mercé del caso? E chi è piccolo e debole, non può essere uomo degno? Il seme del razzismo attende di attecchire su questo terreno.

La scoperta degli antichi manoscritti – salvati in buona parte dai monaci medievali – ha portato, a livello di linguaggio, a convergenze interessanti: la dea «fortuna», o la dea «fama» hanno una rilevante presenza in quell'operazione di recupero del vocabolario antico caratteristica degli umanisti, presenza che contribuisce a chiarire quanto il senso della vita sentito veramente come tale sia il successo, anche ottenuto in un particolare della vita. Il dio dunque, non lontano ed isolato dall'esistenza, ma operante e partecipe nelle vicende umane è il successo.

Diceva Chesterton: «Ogni errore è una verità impazzita». Infatti la riuscita nell'esistenza rappresenta indubbiamente un valore. Esso viene altamente sottolineato nella tradizione cristiana attraverso il concetto di «merito». La parola «merito» indica la proporzione dei gesti che l'uomo compie nei confronti dell'Eterno: l'uomo deve meritare la felicità, o il Paradiso. Ma è chiaro che in questa prospettiva cristiana un malato, per esempio, un uomo sfortunato, un handicappato, possono avere una dignità e una statura più grande di quella di coloro i cui nomi vengono celebrati dai giornali a caratteri cubitali. Tale statura non è ridotta alla fortunata convergenza di fattori esteriori.

Tutta questa parzialità, questa assenza di unità caratterizzerà il filo della cultura moderna, del pensiero e quindi della prassi moderna. La riuscita della vita, la fede o la speranza poggiate tutte sulle umane energie sono tipiche anche della mentalità contemporanea. Non a caso l'espressione «divismo» si è diffusa nella nostra epoca, e il suo campo d'azione non è certo ridotto al senso più specificatamente hollywoodiano del termine. Il divismo ha una sua etica incidente socialmente e non confinata al mondo della celluloide. Al Dio ancor oggi si sostituisce il divo. Il Dio infatti è concepito come entità inarrivabile, mentre il divo è l'uomo che si realizza palpabilmente, oggi come per l'Umanesimo.

Lo statunitense John Dewey, il creatore della pedagogia americana – la sua notorietà era così grande che quando compì l'ottantesimo anno d'età negli Stati Uniti sono stati proclamati due giorni di festività nazionale – pone come suprema formula, supremo criterio dell'educazione, «l'efficienza sociale». Alla parola efficienza egli aggiunge la parola sociale, ma il senso ci porta molto vicino al «divo» degli umanisti.

Occorre comunque notare che tali trasformazioni di mentalità non si sono verificate in modo necessariamente irreligioso. Ma, se i principi cristiani possono essere con devozione trattenuti e non rinnegati, il sentimento del vivere fluttua per suo conto. Dio finisce con l'essere vissuto come una nuvola che si libra nel cielo, sempre più lontana, con sempre minori influssi su una terra sempre più copiosamente afferrata e manipolata dall'uomo solo. Dio diventa astratto, giustapposto alla terra.

Da dove vengono le energie dell'uomo?

L'umanista aveva ancora un senso di umanità reale e non poteva dimenticare che l'uomo è pieno di limiti. Dalla lettura dei maestri antichi attingeva quel velo di tristezza, quel senso del limite ultimo che nel teatro greco faceva concludere tragicamente ogni sforzo umano. Sintomatica è in questo senso l'esclamazione di Petrarca quando dice: «Chi mi darà ali di colomba, sì che m'innalzi e levimi da terra?».

L'umanista è come se si domandasse da dove viene all'uomo quell'energia realizzatrice, fonte di successo e di grandezza, e capisce benissimo che l'uomo non può darsela da sé. L'individuo non è evidentemente fonte della sua forza: essa proviene da qualcosa d'altro, qualcosa di più grande. Così di fronte a un Dio cristiano non negato, ma eclissato in una lontananza empirea, la creatività ultima viene identificata con la natura, una natura sostituzione concreta della divinità astratta.

Una natura panteisticamente intesa caratterizzerà l'epoca rinascimentale.

Ma se la natura è l'origine delle nostre fortune, delle nostre energie, tutto ciò che nasce dalla natura è bene. Dopo l'affermazione dell'uomo realizzatore, propria dell'umanista, l'uomo rinascimentale dichiara un concetto etico nuovo: l'uomo naturalmente agisce bene. E dalla natura che cosa scaturisce? L'impulso, lo spontaneo, l'istinto. Il «bene» diventa l'istinto. Il «naturalismo», che definisce così l'etica rinascimentale, segnala un cambiamento sistematico avvenuto nell'intero corpo della morale. Quando Rabelais scriveva: «Fa' ciò che vuoi, perché per natura l'uomo è spinto ad atti virtuosi», esplicitava questo mutamento, e già dava voce perfetta ad un principio dell'etica di oggi.

Come è vero che l'errore è una verità diventata pazza! Per riconoscere l'errore occorre urgerlo nella sua logica e solo allora esso renderà manifesto il fatto che è costretto a dimenticare o a rinnegare qualcosa. In questo caso, per esempio, la tradizione cristiana sarebbe la prima a sottolineare l'affermazione di Rabelais, perché la difesa della legge naturale che l'uomo si porta scritta nel cuore è posizione caratteristica della cultura cattolica e significa riconoscere che «per natura l'uomo è spinto ad atti virtuosi».

Ma nello stesso tempo la Chiesa riconosce che occorre essere realisti e non dimenticare che, se è vero che la natura suggerisce all'uomo atti virtuosi, è anche vero che la situazione esistenziale in cui egli vive rende impossibile realizzare l'impeto ideale che l'uomo ha in cuore. Ogni impulso buono ha un'arsi che presto degrada. Ciascun uomo conosce l'amaro sapore, l'umiliazione di sentire questo venir meno a se stesso. Non riconoscerlo significa perdere di vista la concretezza della propria umanità. Rabelais dimentica totalmente tale limite realistico, la cui origine la tradizione cristiana chiama «peccato originale». Con una frase famosa ammetteva quel limite anche il poeta latino Ovidio: «Vedo ciò che è meglio e faccio il peggio».

Vale a dire: l'animo naturale, pur costituendo per l'uomo di tutti i tempi una trama di indicazioni ideali, nel concreto è soffocato da una grande fragilità. Se l'uomo per natura ha una sua forza, esistenzialmente è ferito, ambiguo, equivoco. È come se avesse le vertigini, se gli tremassero i polsi. Se, per esempio, noi tracciassimo una linea sul terreno e sfidassimo i presenti a seguirla mettendo i piedi uno dopo l'altro e ad avanzare così, nessuno avrebbe difficoltà. Ma se noi potessimo prendere la stessa linea e la alzassimo cento metri da terra, la situazione cambierebbe radicalmente. Sarebbe sì la stessa linea, gli stessi gesti richiesti, ma in condizioni diversissime, al punto da rendere impossibile per i più l'identica operazione. Come struttura l'uomo è capace di determinate cose, di cui storicamente ed esistenzialmente diventa incapace.

Il risultato come clima del naturalismo rinascimentale è bene indicato da una frase di Machiavelli che registra con il consueto cinismo l'atmosfera e la mentalità delle corti del '500: «Noi siamo gli uomini più empi e più immorali che si possono immaginare».

Va notato che nel Rinascimento inizia una sottile ma reale ostilità al Dio cristiano, a un Dio che dice «sì» o «no», che cerca di modulare, di potare gli istinti umani. Un tale Dio può anche porsi in contraddizione con l'impeto della natura, con l'impulso che sembra naturale, e comincia così a diventare un potenziale o attuale nemico.

Al Rinascimento seguì la grande epoca delle scoperte scientifiche. La scoperta di una corrispondenza sistematica fra i dinamismi della natura e i dinamismi dell'umano pensiero sembrò far toccare all'uomo l'ultima Thule delle sue possibilità. La sua ragione avrebbe potuto piegare la natura a quanto avesse voluto.

Tale scoperta ha portato l'uomo a concepire la sua ragione come il vero fatto dominatore del mondo. Così egli ha pensato di aver trovato finalmente l'autentico dio, il signore: la ragione. Se l'uomo applicandola può persino piegare la natura ai propri fini, ha in mano il segreto e lo strumento della felicità.

Daniel-Rops, nel discorso che già abbiamo citato, osservava che quando Watt ha fatto scattare le prime scintille della macchina a vapore sembrò all'uomo di aver realizzato l'antico mito di Prometeo, di avere rapito il fuoco agli dèi. Parve all'uomo oramai di essere veramente padrone di se stesso. Il Dominus quindi che ha diritto di decidere sulla vita e sul cosmo non è più Dio, ma l'uomo stesso attraverso la sua ragione.

È oramai l'epoca razionalista. Nello sviluppo delle prime conquiste sembrarono aprirsi possibilità di un dominio senza fine e incontrastato: sempre più l'ideale del cammino umano viene determinato dalla scienza e dalla tecnica che, attraverso l'intervento sulla realtà, promettono all'uomo un mondo determinato secondo i propri progetti. L'uomo è padrone del suo destino.

CAPITOLO TERZO

DIO, SE C'È, NON C'ENTRA

Questo triplice ideale di cui brevemente abbiamo scorso le connotazioni, per cui la vita vale se riesce; per cui si ripone fiducia assoluta nella natura – e perciò si esalta l'istinto –; e per cui, da ultimo, si ha la certezza che la ragione può piegare la natura a qualunque suo cenno e comando – realizzando perciò la felicità dell'uomo –, questo triplice valore i secoli scorsi hanno lasciato in eredità al nostro momento storico, di cui ancora definisce il contenuto culturale ed etico.

Neppure in questa idea nuova di uomo, inteso in modo totalmente autonomo, capace di realizzare se stesso e i propri progetti, Dio è necessariamente eliminato. Ma quello che avviene è molto più subdolo. Lo ha sintetizzato bene Cornelio Fabro: «Dio, se c'è, non c'entra». Dio non c'entra con l'uomo concreto, con i suoi interessi, i suoi problemi, ambito in cui l'uomo è misura a se stesso, signore di se stesso, sorgente e dell'immaginazione del progetto e dell'energia concreta per la sua realizzazione, ivi compresa la direttiva etica implicata. Nell'ambito dei problemi umani dunque Dio, se c'è, è come se non ci fosse. Si realizza così la divisione tra un sacro e un profano, quasi che possa esistere qualcosa che stia al di fuori del «tempio» di Dio che è il cosmo intero.

Così man mano che il razionalismo, attraverso il potere politico – dopo la Rivoluzione francese – assume proprio quella divisione, questa diventa lentamente luogo comune dei dotti, determina il cielo culturale, diventa cultura dominante. E da quel cielo culturale il contenuto novatore dopo alcuni secoli, attraverso anche l'educazione statale, penetra cuore e mente di tutto il popolo, divenendo mentalità sociale.

E quanto più tale mentalità si dilata, tanto più Dio diventa qualche cosa che fugge lontano, non tollerato se pretende intervenire in quei destini di cui l'uomo si sente padrone.

Il laicismo

Il termine con cui propriamente si indica questa concezione in quanto resa mentalità sociale attraverso un influsso culturale divenuto dominante, tramite il potere politico e l'educazione pubblica, è *laicismo*. Esso è «la professione dell'appartenenza dell'uomo a se stesso e basta» (Cornelio Fabro), della presunzione di un'autonomia totale da parte dell'uomo.

Esso è la causa della difficoltà profonda in cui oggi la coscienza religiosa si trova. Un Dio infatti che non c'entri con la vita è un Dio per lo meno inutile. Quindi quanto più un uomo è attivo, interessato alla vita e in essa impegnato, tanto più sentirebbe di perdere tempo nel soffermarsi a considerare un tale Dio. Dio si riduce ad un'opzione più o meno privata, ad un patetico conforto psicologico, ad un fatto da museo. Per un uomo che sentisse febbrilmente il tempo breve e le molte imprese da realizzare quel Dio non solo è inutile, ma anche dannoso, è «oppio del popolo».

Una società informata da simile mentalità può non essere atea formalmente, ma lo è di fatto.

Un tale Dio non solo è inutile, non solo è dannoso, ma non è Dio. Un Dio non interessante per l'attività dell'uomo, per la sua costruzione, per il suo cammino verso il destino, nel migliore dei casi costituisce uno spreco di tempo e tirando tutte le conseguenze è certamente qualcosa da togliere di mezzo, da eliminare. La formula: «Dio, se c'è, non c'entra» porta con sé come coerenza ultima: «Dio non c'è».

Il vero nemico di una religiosità autentica, a mio avviso, non è tanto l'ateismo quanto questo laicismo: un sacro infatti che non c'entri con il campo concreto degli interessi quotidiani dell'uomo rende il rapporto col Dio concepibile solo come totalmente soggettivo. E la realtà umana resta con i suoi problemi e i suoi interessi alla mercé dei criteri dell'uomo, in pratica facilmente determinabile dal potere.

Conseguenze del laicismo

I valori fondamentali che il passaggio all'epoca moderna, illuministica e laicista, ha come terremotati e stravolti rispetto alla tradizione culturale cristiana sono, per l'utilità del nostro discorso, soprattutto quattro.

a) Innanzitutto una riduzione del concetto di *ragione*.

La ragione intesa come misura del reale implica che di essa si abbia una concezione bloccata, come si trattasse di una stanza. La si può dilatare finché si vuole, ma in quanto stanza è limitata ed è destinata a divenire una tomba in cui l'uomo resterà imprigionato.

La ragione «misura di tutte le cose» – e dunque l'uomo misura della realtà – è di fatto una prigione: al di là delle sue mura si dichiara non esserci più nulla. L'uomo-misura-di-tutte-le-cose è un essere che si chiude dentro un orizzonte rendendo impossibile qualsiasi novità nella sua vita. Se ciò che il mio metro non può misurare non c'è, ogni novità è solo apparente, cioè formale, come nel gioco del «meccano» per i bambini: può cambiare la costruzione formale, ma i pezzi che la compongono saranno sempre gli stessi. Quando la ragione rimane «stanza», distrugge la sua forza e mortifica l'avventura – scoperta e creatività – della vita.

Per la tradizione cristiana, invece, la ragione è uno sguardo aperto, o, per restare nel paragone, non «stanza», ma «finestra» spalancata su una realtà nella quale esso non ha mai finito di entrare; realtà che l'uomo possiede e sperimenta come sua nella misura in cui vi aderisce, vi obbedisce. La ragione è coscienza della realtà secondo la totalità dei suoi fattori. Per questo la religiosità è il culmine della razionalità in quanto affermazione del significato totale, che rappresenta appunto l'indicazione della totalità dei fattori.

Questa eliminazione della novità è responsabile anche della abolizione di una dimensione caratteristica della ragione vera, che è la categoria della possibilità. Einstein in un dialogo di pochi giorni prima di morire disse che un uomo che non riconoscesse «l'insondabile mistero, non potrebbe essere neanche uno scienziato»: non potrebbe infatti fondare la categoria della possibilità, fondamentale per la ricerca.

b) Una seconda riduzione operata è quella sull'immagine della *libertà*.

Essa viene intesa come distacco da qualcosa, come assenza di nesso, come assenza di legami. Si può tradurre tale concezione in forma banale dicendo che la libertà è intesa come abbandono di sé esclusivamente al proprio impeto di reazione, d'istinto, d'immagine, di opinione.

Mentre per il cristianesimo la libertà è energia di adesione al reale, all'essere. È adesione ad altro da sé, che compie, fa crescere, costruisce e realizza la nostra persona. Libertà quindi è una forza affettiva che conduce ad un «Tu» ultimo. Libertà è energia costruttiva dell'io attraverso l'adesione ad «Altro».

c) Un terzo cambiamento profondo viene operato nell'idea di *coscienza*.

Per la cultura moderna la coscienza è il luogo dove si

formano criterio e direttiva dell'azione; è la sorgente autonoma della norma etica.

Per la tradizione cristiana la coscienza è il luogo dove la libertà dell'io ascolta la Voce di un Altro, il luogo dove emerge l'oggettività di un ordine dato da oltre sé, cui obbedire. Che differenza abissale sta nell'espressione: «Io seguo la mia coscienza», intesa come il luogo dell'obbedienza, oggettivo, o come il luogo dell'interpretazione ultima, soggettiva!

d) Come quarto esempio di orientamento radicalmente diverso di valori, accenno allo sviluppo di una certa accezione di *cultura*.

Se infatti l'uomo è concepito come misura e verità del mondo, la cultura è una proiezione umana sul reale per possederlo. Dunque per l'epoca in cui viviamo la parola cultura si riferisce ad un «avere» del singolo. La cultura come «avere» usa della scienza e della tecnica fine a se stesse per possedere di più la realtà, anziché come funzioni particolari di un organismo totale in cui l'uomo possa «essere» di più. Così anche la scienza e la tecnica – e con esse chi ne fa uso – sono condannate a servire una ideologia come enfatizzazione del particolare punto di vista secondo il quale il potere ha interesse a muoversi per «avere» di più.

Secondo la tradizione cristiana, così tenacemente ripresa da Giovanni Paolo II, la cultura è un fenomeno di umanizzazione dell'uomo, un cammino di realizzazione dell'uomo. Riguarda perciò l'*essere* dell'uomo.

CAPITOLO QUARTO

LA CARATTERISTICA PIÙ SIGNIFICATIVA DELLA TRIPLICE EREDITÀ

L'ottimismo frustrato

In tutta l'eredità moderna l'accento è sull'uomo, padrone del suo mondo, della sua vita, della sua terra. La caratteristica più impressionante di tale assetto mentale è una specie di sindrome d'*ottimismo* affermato con certezza dogmatica.

Si tratta di un fiducioso ottimismo introdotto prima dall'Umanesimo, dilatato dal Rinascimento, consacrato poi definitivamente – così allora sembrò – dal razionalismo. Tale ottimismo – già ne abbiamo fatto cenno – è stato tra l'altro per l'Umanesimo l'unica nota alternativa rispetto alla fonte massima della sua ispirazione, che era la cultura classica. L'antichità in modo grandioso percepiva il limite tragico dell'uomo, che, per quanto facesse e misurasse la sua grandezza nelle imprese più eroiche, non poteva sfidare il fato incombente; la catastrofe tragica aveva sempre ragione dell'umano progetto. Tutto ciò s'attutisce con l'Umanesimo.

E l'ottimismo rimane caratteristica dominante della nostra eredità culturale: a noi oggi può sembrare ingenuo, ma fino alla fine del secolo scorso e ai primi anni del nostro secolo tale ottimismo giungeva, nella letteratura filosofica e teologica – specie americana, ma non solo –, a dichiarare che di lì a poco tempo la scienza avrebbe finalmente portato l'umanità ad un dinamismo totalmente controllato e quindi ad una perfezione realizzata: sarebbero mancati ancora solo pochi passi in campo psicologico e sociologico.[1] Scriveva il teologo e storico della Chiesa statunitense Walter Rauschenbush in un testo del 1907: «La velocità della evoluzione nel nostro paese documenta l'immensa capacità di perfezione latente nella natura umana... Forse questi diciannove secoli di influsso cristiano sono stati un lungo preliminare periodo di crescita, ed ora il fine e il frutto sono quasi a portata di mano».

Ma l'ottimismo di stampo razionalista per cui la ragione attraverso la scienza e la tecnica avrebbe potuto risolvere ogni umano problema senza Dio, fu frustrata dalla tragedia della prima guerra mondiale. Mi ricordo la testimonianza in tal senso dei primi libri di un grande protestante americano, Reinhold Niebuhr, che esercitò un imponente influsso sulla cultura statunitense degli anni '30 e '40, particolarmente il suo *Moral man and immoral society* del 1932.[2]

Alla prima seguì la seconda guerra mondiale, che compì l'opera. La grande cultura precipitò in uno smarrimento profondo, perché da un parte Dio era ormai svanito dall'orizzonte umano e dall'altra parte l'uomo, nuovo dio, si era detronizzato con le sue stesse mani.

Un episodio e una profezia

Due fatti vorrei ricordare prima di addentrarmi ad analizzare le connotazioni salienti di quello smarrimento culturale che negli anni del secondo dopoguerra si è diffuso in Europa e nel mondo.

Il primo si riferisce ad un viaggio di Winston Chur-

[1] Ci si riferisce in particolare, e a titolo d'esempio, agli autori di quel movimento protestante americano di pensiero e d'azione che va sotto il nome di «Social Gospel» attivo dagli ultimi decenni del secolo scorso fino alla fine della prima guerra mondiale.

[2] Trad. it., *Uomo morale e società immorale*, Jaca Book 1968.

chill, quando, terminato il conflitto mondiale, andò negli Stati Uniti d'America per una visita in cui gli vennero tributati tutti gli onori per il suo contributo alla vittoria considerata salvezza della civiltà. Si trovò egli ad essere ricevuto al Massachusetts Institute of Technology di Boston – uno dei più noti centri scientifici del mondo – il cui rettore gli rivolse un discorso ancora carico di fiduciosa e ingenua certezza sulle magnifiche sorti che sarebbero toccate all'umanità dopo la guerra. Dopo aver accennato a tutto ciò che la civiltà doveva a Churchill per il suo apporto al superamento del pericolo nazista, si attardò a descrivere il carattere postbellico di tale civiltà, il cui principale attributo era, a suo modo di vedere, il fatto di aver preso possesso, tramite la scienza e la tecnica, di ogni aspetto dell'umano. Solo un piccolo passo separava l'umanità dall'ottenere un dominio intero sul pensiero, l'affetto, il sentimento dell'uomo fin nelle loro radici, cosicché nessun Hitler sarebbe più potuto sorgere, e il mondo sarebbe potuto essere presto una società perfetta, come una grande officina impostata secondo un progetto buono. Sentito questo, Churchill si alzò e – dopo aver ringraziato il rettore per l'accoglienza e le parole di lode ricevute – riguardo al mondo felice da questo appena descritto disse che «sperava ardentemente di essere già morto prima che ciò fosse realizzato». Di fronte ad un ultimo grottesco sussulto di quell'ottimismo radicato nella cultura anteguerra mi è sempre piaciuto ricordare l'umoristico atteggiamento dello statista inglese...

Il secondo episodio di più drammatica evidenza riguarda Daniel-Rops e il suo discorso di ammissione all'Accademia di Francia che già abbiamo ricordato. Ricorreva in quel giorno il decimo anniversario dello scoppio della bomba atomica di Hiroshima e lo scrittore affermò che tale coincidenza per lui come cristiano costituiva un monito da non trascurare. Nel suo discorso citò allora il *Timeo* di Platone, dove si narra di una terra dell'oro chiamata Atlantide, un continente irraggiungibile posto oltre le colonne d'Ercole, abitato da una stirpe felice di uomini intelligenti e intraprendenti. Essi si erano resi realmente autosufficienti e perciò non adoravano più gli dèi. Giove allora radunò le divinità dell'Olimpo e, prendendo in considerazione il caso, si domandava che cosa fare di quegli uomini che vivevano senza dèi. Fu deciso di sterminare quella razza di empi e con un fulmine Giove fece affondare il continente Atlantide nell'Oceano. Narra ancora il *Timeo* che il riflusso dell'acqua che inghiottiva l'Atlantide formò un enorme fungo che raggiungeva il cielo. Dieci anni fa esattamente – commentò Daniel-Rops – questo dialogo di Platone si realizzava.

CAPITOLO QUINTO

LO SMARRIMENTO CULTURALE DELL'UOMO MODERNO

Una «antropologia della dissoluzione» segna l'ultima logica del dissesto psicologico di fronte all'impatto tragico degli avvenimenti. Cerco di delinearne analiticamente i tratti più salienti.

1) Angoscia di fronte all'enigmaticità del significato

La ragione-misura-di-tutte-le-cose ha portato l'uomo alla paura di perdere non solo la propria vita, ma anche la propria umanità. Lo smarrimento che si è verificato è senza fondo di fronte all'enigma del destino dell'umanità e della persona.

Vorrei ricordare un romanzo particolarmente rappresentativo di questo momento storico, riassuntivo simbolo di questa crisi. Si tratta di *Barabba* di Pär Fabian Lagerkvist.[1] Barabba è il simbolo dell'uomo moderno, espressione di quella cultura per cui egli si concepisce totalmente autonomo. Il libro narra la storia del brigante graziato al posto di Cristo che, improvvisamente, pochi giorni dopo la cattura si trova appunto ad essere liberato per questo sconosciuto, Gesù di Nazareth, al quale perciò la sua vita è legata, la «sua» vita, così indipendente, così selvaggia e libera. Il romanzo è tutto costruito sul fatto che Barabba se vive, se continua ad essere potente e capace di compiere le imprese che lo hanno reso famoso, lo deve al fatto che «un

[1] Pär Fabian Lagerkvist, *Barabba*, Jaca Book, Milano 1985.

altro» è morto in sua vece. Giovanni Papini, che introdusse la prima edizione italiana del romanzo, acutamente commenta: «Barabba è dunque l'Uomo, l'uomo per eccellenza, che ha salva la vita ad opera di Cristo e non sa perché. Cerca di sapere, cerca di informarsi, cerca di vedere. ...E, in verità, non lo saprà mai esattamente. Barabba è incuriosito e turbato, ma non sarà mai convertito».[2]

Lagerkvist ebbe il premio Nobel nel 1951 per questo romanzo scritto l'anno precedente, e la motivazione dell'onorificenza lo considera «emblema dell'uomo europeo», il quale riconosce il cristianesimo come fonte dei valori che hanno imposto al mondo la sua cultura, ma in Cristo non riesce più a credere.

Lagerkvist, che è anche un acuto poeta, dice nei suoi versi all'amico sconosciuto:

> «Uno sconosciuto è mio amico
> uno che io non conosco, uno sconosciuto
> lontano lontano.
> Per lui il mio cuore è pieno di nostalgia
> perché Egli non è presso di me.
> Perché Egli forse non esiste affatto?
> Chi sei tu che colmi il mio cuore della tua assenza,
> che colmi tutta la terra della tua assenza?».

E aggiunge in un'altra sua poesia:

> «... non c'è nessuno che ode la voce
> risonante nelle tenebre; ma perché la voce esiste?».

Perché la voce esiste? L'uomo di oggi, intelligente, colto, amante della vita e dell'umanità, capisce di non riuscire a superare la negazione, ma comprende anche che

[2] Tale introduzione è apparsa nella prima traduzione italiana del libro nel 1951 per i tipi di Gherardo Casini Editore e poi è stata riproposta nell'edizione del 1978 di Città Armoniosa.

la negazione non è la misura di tutto. La propria realtà è più grande della negazione.

L'uomo di oggi, come s'è già detto, capisce i valori che gli vengono dal cristianesimo, ma non riesce a credere e ciò lo rende terribilmente incompiuto. La tristezza dell'incompiuto è proprio il contenuto delle grandi coscienze di oggi. Pur non riuscendo a credere, l'uomo moderno in un estremo e disperato gesto di lealtà grida la sua nostalgia di un'affermazione ultima e positiva, grida quello che Cristo ben consapevolmente ha gridato prima di morire: «A te raccomando l'anima mia».[3]

Dopo che l'ottimismo razionalista ha subito la frustrazione delle due guerre mondiali, adesso lo smarrimento profondo della più alta cultura contemporanea sembra aprirsi ad una nostalgia nuova. L'uomo non può a lungo resistere in questa situazione enigmatica. «Tutta la legge dell'umana esistenza – disse Dostoevskij – sta in questo: che l'uomo possa inchinarsi all'infinitamente grande.» Questo stigma, comunque letto o comunque lasciato nell'ombra, agisce nell'uomo. E ancora lo scrittore russo osserva che «l'ape conosce la formula del suo alveare, la formica conosce la formula del suo formicaio, l'uomo non conosce la sua formula». Essa infatti consiste nel rapporto con l'infinito.

2) Disperazione etica

L'uomo non solo ha smarrito il significato della propria esistenza, ma constata inoltre di essere incapace di realizzare la propria umanità. L'uomo è impotente ad essere uomo. Non ha legge ideale, non più una direttiva che sia disposto a seguire, né un approdo sicuro.

Ma sente che non avrebbe neanche l'energia per vi-

[3] Sono le ultime parole di Barabba nel romanzo di Pär Lagerkvist.

verlo. È una disperazione etica circa la possibilità di una propria dignità, di una lealtà ultima. «Non c'è ideale al quale possiamo sacrificarci – dice Malraux – perché di tutti noi conosciamo le menzogne, noi che non sappiamo che cosa sia la verità.»

La più incisiva immagine di questa disperazione sulla propria impotenza etica è nell'ultima scena del *Brand* di Ibsen, quando il protagonista, che ha cercato la coerenza tutta la vita, di fronte alla morte, che il tuono della valanga gli preannuncia, grida: «Rispondimi, Dio, nell'ora in cui la morte mi travolge: può tutta la volontà di un uomo ottenere un filo solo di salvezza?». Cioè, un solo atto perfetto, che significa in fondo un atto interamente umano.

Come è distante il grido che Ibsen presta al suo protagonista dall'autosufficienza che è stata radice della cultura moderna! L'uomo che si constata incapace di realizzare se stesso cade, a partire da un ottimismo ad oltranza, in un pessimismo profondo, totale: ogni atto è intriso di male, un recupero protestante a tanto tentativo di autonomia.

Del resto quella terribile constatazione di incapacità faceva anche scrivere a Kafka: «Anch'io come chiunque altro ho in me fin dalla nascita un centro di gravità che neanche la più pazza educazione è riuscito a spostare. Ce l'ho ancora questo centro di gravità, ma in un certo qual modo non c'è più il corpo relativo». Quel «centro di gravità» è ciò che io chiamerei un'esigenza di significato unitario, ma è chiaro dall'acuta analisi di Kafka che un «centro di gravità» senza un «corpo relativo», cioè un centro inoperoso, lo si sente infitto nel corpo come una «palla di piombo», appesantisce anziché far vivere un organismo: il cuore è come una pietra.

Un Dio che non c'entri con la vita – come noi lo abbiamo culturalmente ereditato – acuisce la disperazione etica dell'uomo, è piombo nella sua esistenza.

E così gli dèi dell'elenco di Eliot – l'usura, la lussuria, il potere – diventano attivi dominatori dell'uomo, l'inevitabile pena del contrappasso, il destino concreto in cui l'uomo non può non cadere, quando abbandona il nesso organico con chi lo costituisce creandolo.

3) Conseguenze antropologiche

Vorrei delineare quali a mio avviso siano le categorie fondamentali della psicologia dell'uomo di oggi, in cui si traduce quel piombo inattivo di cui parlavamo pocanzi.

a) Poiché la legge dell'umana esistenza è di inchinarsi all'infinitamente grande, a qualcosa che spacchi l'orizzonte di ogni formula, ritrovo la prima e più globale tra queste categorie in un commento di Teilhard de Chardin, quando dice: «...Il pericolo maggiore che possa temere l'umanità non è una catastrofe che venga dal di fuori, non è né la fame né la peste, è invece quella malattia spirituale, la più terribile, perché il più direttamente umano dei flagelli, che è la perdita del gusto di vivere».

È questo, credo, il colore di fondo che più si addice all'epoca che stiamo vivendo.

b) Si registra, in secondo luogo, una contraddizione che sta alla radice di molti atteggiamenti. Dice ancora il poeta Eliot nel VI dei suoi Cori.

> «Essi cercano sempre d'evadere
> Dal buio esterno e interiore
> Sognando sistemi talmente perfetti che più nessuno avrebbe bisogno
> d'essere buono.»

L'uomo cioè, incapace di essere se stesso, cerca scampo in sistemi, in ideologie nelle quali non sia implicato ciò che egli è come uomo, come «io», come libertà.

Mi ha colpito come significativo questo brano di una lettera di Marx alla moglie, del 21 giugno 1856: «Io mi sento di nuovo un uomo, perché provo una grande passione, e la molteplicità in cui lo studio e la cultura moderna ci impigliano, e lo scetticismo con cui necessariamente siamo portati a criticare tutte le impressioni soggettive e oggettive, sono fatti apposta per renderci tutti piccoli e deboli e lamentosi e irresoluti. Ma l'amore non per l'uomo di Feuerbach, non per il metabolismo di Moleschott, non per il proletariato, bensì l'amore per l'amata, per te, fa dell'uomo nuovamente un uomo».

Non solo quindi incombe sull'uomo moderno la perdita del gusto di vivere, ma anche una contraddizione che è, se si vuole, latente – nel senso che difficilmente è letta come tale – ma operante, profondamente presente. Come si può infatti reggere una antropologia, come si può immaginare una concezione della storia che non nasca, investa e spieghi ciò che l'uomo fa ogni giorno?

c) Ed ecco la terza nota: la distruzione dell'utilità del tempo. Tale indizio è da ricercare nella concezione dell'istante. Nell'istante infatti il tempo si sorprende nella sua fattura. Ma dal momento in cui è diventato usuale affermare che noi siamo gli unici artefici della nostra esistenza, una tale follia ha coinciso coll'uccidere la parola destino – con cui la parola Dio si identifica. E soltanto se c'è un destino l'istante ha corposità, è valore, è «funzione» di qualcosa. In caso contrario, come dice Oriana Fallaci, «... la vita diviene una serie di occasioni perdute, un rimpianto di ciò che non è stato e che avrebbe potuto essere, un rimorso di ciò che non si è fatto e che si sarebbe potuto fare. Ed è così che si spreca il presente rendendolo un'altra occasione perduta di cui poi rammaricarsi».

d) Questa triplice categoria cui ho accennato finora sfocia in una situazione dell'uomo moderno che tende ormai a diventare una caratteristica sociale tra le più impressionanti: la solitudine. L'esito di questi quattro secoli in cui l'uomo ha tentato di affermare se stesso come termine ultimo della realtà è quello di un solipsismo esasperato.

In diverse sfumature si può declinare tale solitudine, di diversa provenienza e vissute in momenti storici diseguali, ma esse hanno in comune l'esperienza dell'uomo tagliato via dai suoi rapporti con le cose, con gli altri, con se stesso. «Là dove non c'è tempio – commenterebbe Eliot – non ci sono dimore»: solo nella dimora l'uomo infatti trova alimento, amicizia, luogo dove tutte le cose sono per lui utili e buone secondo la sua natura profonda.

Che solitudine in questo brano di Pavese: «Tutti lo cercano uno che scrive, tutti gli vogliono parlare, tutti vogliono poter dire: so come sei fatto, e servirsene, ma nessuno gli fa credito di un giorno di simpatia totale, da uomo a uomo». Per fare credito di simpatia totale ad un uomo occorre un amore al suo destino.

e) Si possono ravvisare anche risvolti folli nella coscienza di questa solitudine. Ecco un brano di Sartre che non può non far rabbrividire: «Le mie mani, cosa sono le mie mani? La distanza incommensurabile che mi divide dal mondo degli oggetti e mi separa da essi per sempre». È l'affermazione tragica dell'impossibilità di un rapporto. È una logica conseguenza dell'asserzione ad oltranza dell'io misura di tutto. Se l'uomo è misura di tutto, è solitario, come un dio senza compagnia. Le mani possono afferrare le cose, accarezzare un volto amato, stringere altre mani, ma non c'è rapporto. L'uomo è come una luce che scivoli sulla superficie delle pietre e dell'acqua, e da esse è inseparabile, ma ad esse estranea. L'uomo condannato ad una certa concezione della libertà si accorge che la libertà è estraneità. E allora è libero per nulla. Ogni stretta allontana dall'oggetto che si ritira e che diviene così sempre più irraggiungibile: una solitudine abissale. Estraneo a tutto fino ai confini del mondo, al passato e a se stesso, l'uomo solo non sa che farsene di quella libertà. E non sa che farsene della stessa realtà. Moravia definisce la realtà come «insufficiente», cioè «incapace di persuadere della sua effettiva esistenza».

Così tutto diventa nulla. Lo dice ancora Pavese in questi suoi versi:

«Non c'è cosa più amara
che l'alba di un giorno in cui nulla accadrà,
non c'è cosa più amara
della inutilità...
La lentezza dell'ora
è spietata per chi non aspetta più nulla».

f) L'unico rimedio alla dissoluzione sembra essere un impegno volontaristico.

Che cosa opporre al dilagare di questo dissolvimento della personalità umana? Perso Dio infatti, perso il punto di riferimento ad un io unitario, tutto si scolla, si corrompe e muore. Proprio questo è la morte: l'esperienza della corruzione, dove tutti gli elementi di un organismo si separano gli uni dagli altri.

Allora di fronte a questo crollo totale l'aspetto più generoso di un tentativo umano di reazione sta in un rinnovato volontarismo stoico. Di fronte all'impossibilità di realizzare una umana immagine, di fronte ad una natura materialisticamente intesa che tutto travolge ed elimina, la forza dell'umana volontà si prefigge in modo ferreo un progetto e con tutta la sua energia cerca di realizzarlo. Riporto a titolo di esempio questo brano di Russell: «... Provai qualcosa come quello che il popolo religioso chiama conversione. Diventai improvvisamente e vividamente consapevole della solitudine in cui i più vivono e appassionatamente desideroso di trovare delle vie per diminuire questo tragico isolamento. La vita dell'uomo è una lunga marcia attraverso la notte circondato da nemici invisibili, torturato da logoramento e pena; ad uno ad uno come in un libro i nostri compagni di viaggio svaniscono alla nostra vista; brevissimo è il tempo in cui possiamo aiutarli. Versi il nostro tempo luce solare sul loro sentiero, per rinnovare il coraggio che vien meno, per istillare fede nelle ore di disperazione». Coraggio: perché? fede: quale? Il volontarismo mostra la sua cecità e la sua irrazionalità. Con esso l'uomo cerca di estendere le sue capacità ad un orizzonte che la sua coscienza più riflessa sa di non poter raggiungere, come la rana della favola che gonfiò se stessa, ma ad un certo punto non poté che scoppiare.

g) L'unico realistico argine che l'umanità di oggi sa opporre alla propria dissoluzione è lo Stato; lo Stato come fonte di tutto. È la signoria dell'uomo realizzata, ma quanto ironicamente! L'ultima salvezza sarebbe assicurata dalla alienazione in una immagine ideologica della società, nella schiavitù mascherata dell'intero popolo ad un *potere*, cioè ai pochi «fortunati» che detengono la forza.

Non è forse in tale direzione il commento amaro del premio Nobel per la poesia, Milosz?

«Si è riusciti a far capire all'uomo che se vive è solo per grazia dei potenti. Pensi dunque a bere il caffè e a dare la caccia alle farfalle.

Chi ama la *res publica* avrà la mano mozzata.»

CAPITOLO SESTO

L'OPZIONE

Tutta questa situazione finora descritta, con le sue conseguenze, non è frutto di una più seria indagine dell'uomo su se stesso, ma di un'opzione. Diceva il filosofo neomarxista Althusser apertamente che l'alternativa tra «l'esistenza di Dio e il marxismo non è questione di ragione, ma è una pura opzione». È cioè una posizione che l'uomo assume, è una scelta di libertà.

Althusser aveva ragione. Immaginiamo un uomo che sia nella penombra. Se egli volge le spalle alla luce, la penombra è l'inizio del nulla, delle tenebre; se viceversa si lascia a tergo le tenebre, la penombra è l'inizio della luce. Si tratta di vedere quale posizione decide di assumere.

Comunque una delle due è quella realistica: se la penombra c'è, significa che esiste il buio del dramma umano, ma significa anche che c'è la luce. Perciò il vero dramma è proprio questa scelta di postura di fronte alla realtà che, se ti si pone come penombra, può essere certo definita tutta buia, ma può anche essere la scoperta dell'inizio della luce. Quando invece la volontà – tensione ed energia della libertà, capacità di aderire all'essere – si pone in condizione negativa, come un bambino in un tragico capriccio, non tornano più i conti.

L'uomo ha il potere di fare i capricci di fronte all'essere, ma è appunto così tragico che Dio ne ha avuto pietà. È diventato uno di noi per scuoterci, per richiamarci e farci alzare la testa. Il capriccio infatti dell'uomo di fronte all'essere è un odio a se stesso e al proprio destino.

Leggiamo in Nietzsche l'anticipo di questa volontà di violenza, implicita nella pretesa dell'uomo moderno di essere misura di tutte le cose: «Un giorno il viandante chiuse la porta dietro di sé e pianse. Poi disse: questo ardente desiderio del vero, del reale, del non apparente, del certo, come lo odio...». Questa è la scelta che ha fatto l'uomo contemporaneo: chiudere la porta alla speranza, all'impeto ideale che gli alita alle spalle, acquattato in fondo al suo cuore, trasmessogli da sua madre e da tutto ciò che lo anticipa nella storia: questo evidente desiderio del vero, del reale, del certo. L'uomo moderno se ne sente perseguitato come da un aguzzino «tetro e appassionato», e ad un tempo ammette di essere costituito dal desiderio della verità, mentre si ribella alla natura del proprio cuore che è profezia di Dio. Solo qui si rivela la cattiveria dell'uomo.

Dante, del resto, già aveva indiziato quest'ultimo problema umano con la figura di Capaneo. L'uomo cristiano conosce questa tentazione: Tu o Dio mi leghi qui e non posso sfuggire, ma non puoi impedirmi di bestemmiarti e io ti bestemmio. Ed è così che per rinunciare a Dio l'uomo rinuncia a se stesso. Quel desiderio del vero, quale aguzzino, non gli permette di riposare. Per sottrarsi alle esigenze del cuore, quanti strappi, quante amarezze! «Ma poiché l'uomo deve muovere oltre il piede stanco e ferito» – come continua Nietzsche – allora egli rivolge indietro, alle cose belle e adeguate alla sua esigenza che non hanno saputo trattenerlo, uno sguardo di odio feroce. In questa irosa volontà di strapparsi alle domande che lo rimanderebbero a Dio, egli è pieno di livore perché quelle esigenze del cuore non l'hanno costretto a rimanere. Egli così odia la propria libertà, la odia mentre la usa.

Montale descrive in questa sua splendida poesia l'attimo di percezione della contingenza delle cose:

«Forse un mattino andando in un'aria di vetro,
arida, rivolgendomi, vedrò compirsi il miracolo:
il nulla alle mie spalle, il vuoto dietro
di me, con un terrore di ubriaco.

Poi come s'uno schermo, s'accamperanno di gitto
alberi case colli per l'inganno consueto.
Ma sarà troppo tardi; ed io me ne andrò zitto
tra gli uomini che non si voltano con il mio
segreto».

L'uomo, come livello della natura in cui essa diventa coscienza di se stessa, percepisce che nell'istante egli non si fa da sé e che quindi le cose non si fanno da sé. Tale percezione potrebbe essere l'inizio dell'esperienza mistica, cioè della coscienza del proprio essere creatura. Come invece diventa nichilismo, «il nulla alle mie spalle»? È, appunto, una scelta, che elude però alcune domande che la ragione imporrebbe. Come ogni errore tale scelta è costretta dalla sua logica a dimenticare o a rinnegare qualcosa: che le cose esistono. Contingenti, non consistenti in sé, questo è verissimo, ma esse esistono. E per ciò stesso esse sono segno di espressione della grande Presenza.

Diceva Cicerone: «Non è turpe che i filosofi dubitino di quelle cose di cui neppure i contadini dubitano?». Accade insomma, ed è fonte di stupore per chi vi rifletta, che si vada contro ciò che fa vivere, contro ciò che si chiama il «buon» senso. Basterebbe invece usare la ragione: questa apertura alla realtà che è come una finestra spalancata su un mare dove mai si termina di immergersi e che ti si presenta nuovo ad ogni momento.

Si può fare la scelta di porsi di fronte alla realtà non come il bambino del Vangelo cui è promesso il regno dei cieli, con gli occhi sgranati di fronte alla vita, ma come il bambino che si ripara la faccia con il gomito, e non guarda, non vede.

Questo è il mistero vero dell'uomo perché o uno si pone di fronte alle cose scegliendo di non guardarle, per censurarne l'aspetto infausto, oppure rimane con quell'apertura naturale che lancia l'uomo nell'universale paragone. O ci si spalanca o ci si corruccia, e questa è la scelta cruciale dal punto di vista religioso comune agli uomini di tutti i tempi.

Certo, questa scelta può essere handicappata, in un'epoca come la nostra che eredita quattro o cinque secoli di costruito ateismo, costruito perché, come giustamente diceva il teologo protestante Tillich: «L'ateismo nel senso etimologico della parola è impossibile».

L'ateismo è infatti possibile esistenzialmente ed è un dio che non c'entri più con la vita, stimato, onorato magari dogmaticamente, ma che con l'esistenza si vuole che non abbia più nulla a che fare. Con la vita avrebbero a che fare i vari interessi, «la lussuria, l'usura, il potere», come diceva Eliot. E lentamente, attraverso la giustificazione etica del naturalismo e attraverso la giustificazione ultima del razionalismo, l'uomo si acquieta in questa finale schiavitù quando ha rinunciato a tutti gli dèi, eccetto appunto «l'usura, la lussuria», sinteticamente, «il potere».

Viviamo perciò in un momento drammaticamente bello perché sempre di più tutto poggia su una nostra scelta, ed essa deve lottare contro una mentalità comune fatta di quattro secoli, nella quale però oggi appaiono, come abbiamo visto, le nostalgie e gli sprazzi di una consapevolezza di esigenze umane in altri periodi storici più oscurate.

Dice al termine del suo itinerario filosofico Horkheimer: «Senza la rivelazione di un dio l'uomo non riesce più a raccapezzarsi su se stesso».

PARTE SECONDA

«...O È LA CHIESA CHE HA ABBANDONATO L'UMANITÀ?»

(T. S. Eliot, VII Coro
da «La Rocca»)

CAPITOLO PRIMO

LA PROTESTANTIZZAZIONE DEL CRISTIANESIMO

Di fronte alla situazione di ateismo esistenziale e pratico che abbiamo descritto, ma anche di fronte all'urgenza di un nesso col destino, cioè di una religiosità autentica, che abbiamo rilevato, sarebbe assolutamente necessario che il significato della vita ridiventasse amico della vita.

Il cristianesimo è entrato nel mondo per contestare quella rovina dell'uomo che si perpetra laddove l'uomo perde il nesso con Dio. Esso è l'annuncio del Dio fatto uomo e dovrebbe costituire l'opposizione più determinante all'ostracizzazione odierna del rapporto con l'infinito dalle vicende della vita.

Ricordiamo che Cristo disse prima di morire, pregando il Padre: «Non ti prego per il mondo».[1] E intendeva con quest'espressione riferirsi non certo alla creazione che ci offre le stelle, il mare, la tenerezza e l'amore, ma alla realtà, che tristemente può comprendere anche le stelle, il mare, la tenerezza e l'amore, affrontata senza il rapporto ultimo col divino. Questo è il mondo per cui Cristo non prega: la realtà affrontata a prescindere da Dio; di fatto, una realtà così manipolata tenderebbe a distruggere quell'uomo che Cristo è venuto a salvare.

Ma oggi il fatto cristiano si presenta nel mondo profondamente ridotto. Non è quella presenza in lotta con-

[1] Gv 17, 9.

tro la rovina dell'uomo, così come dovrebbe essere. Non lo è se non potenzialmente.

Parlando di questa riduzione voglio specificare che non parlo dell'incoerenza etica. Da quando il Signore è venuto, infatti, la Chiesa ha reso avveduto l'uomo della verità fondamentale che egli è peccatore, e che Cristo è venuto appunto per i peccatori. Non parlo di quella fragilità terribile cui accennava anche il brano teatrale di Ibsen citato prima, per cui l'uomo non riesce da solo a stare in piedi, ad essere se stesso. Non parlo di questo: Cristo è venuto proprio perché noi potessimo, appoggiandoci a Lui, camminare, lentamente, ma camminare.

Parlo invece di una riduzione del cristianesimo nel modo di vivere la sua natura. Il mio parere è che il cristianesimo del nostro tempo è stato come angustiato, debilitato e affievolito da un influsso che potremmo definire «protestante». Non è questa la sede per soffermarci a descrivere la profondità religiosa da cui il protestantesimo nasce o cui può giungere; ciò che sto per dire è una critica non certo al mondo protestante, ma alla realtà cattolica, starei per dire all'intelligenza cattolica, che oggi si presenta gravemente protestantizzata.

L'osservazione capitale che motiva tale giudizio sta nella riduzione del cristianesimo a «Parola» («Parola di Dio», «Evangelo», o semplicemente «Parola»).

Ciò lascia spazio a conseguenze decisive per una cultura.

1) Il soggettivismo

Quella riduzione apre, dal punto di vista metodologico, ad un soggettivismo inevitabile che, da un punto di vista pratico, favorisce una sentimentalità e un pietismo. In questo modo la parola di Dio avrebbe come ultimo criterio interpretativo la coscienza personale: drammatica relativizzazione in cui ogni uomo è sorgente di dettato, ultima cattedra e profeta di se stesso, alla mercé della sua sensibilità, del suo risentimento, dell'istante che vive. *Tot capita, tot sententiae*: tante teste, tanti pareri. Potrebbe anche essere uno slogan della libertà razionalista.

Se si vuole un correttivo a quell'esasperato soggettivismo ci si affida agli ermeneuti della parola, agli esegeti. Ma non bastano gli intellettuali alla obbiettività necessaria. Così come, per salvare l'oggettività, non è sufficiente la comunità di base con il suo parere, e neanche quello della Chiesa locale: Cristo non ha commesso a nessuna di queste entità come tali l'inequivocabile ultima oggettività della Sua guida.

2) Il moralismo

Se il cristianesimo è parola di Dio interpretata dalla coscienza sorge un'ulteriore grave domanda. Il cristianesimo reso «parola» interpretabile dalla coscienza nel senso detto, quale comportamento suggerirà di fronte all'urto dei problemi umani personali o all'urgenza della realtà sociale?

Come può quel soggettivismo estremo confrontarsi con la congerie di reclami formulati dalle sempre più complesse vicende della vita moderna?

La risposta è purtroppo una: il comportamento dell'uomo necessariamente verrà guidato e identificato come valore dagli ideali che la cultura dominante approverà. La moralità è allora qualcosa che deriva dalle leggi e dalla coerenza con una concezione della vita avallata dal potere e quindi riconosciuta dai più.

Se il cristianesimo è ridotto a parola coincide con un'emozione della coscienza che ha il diritto di interpretarla e tale coscienza non può disarticolarsi dal flusso di quei valori che sono più stimati nel momento storico in cui essa vive.

Ecco allora che il comportamento più corretto e più dignitoso per l'uomo sarà immaginato secondo idee e convinzioni ritenute più urgenti dalla mentalità sociale al potere.

Questa è la seconda mutilazione che offre al nostro tempo la realtà del cattolicesimo secondo una diffusa interpretazione. Un orizzonte morale reso angusto, per cui i parametri cui riferirsi sono quelli della concezione di vita dominante nella società in cui si è. Una riduzione della moralità a moralismo. Il moralismo è sempre riduttivo dell'orizzonte morale ed è sempre accusativo dell'uomo: o meglio, lo accusa da una parte e lo giustifica dall'altra. Si esaltano dei valori e se ne censurano altri, per alcuni si pretende la piena coerenza, di altri si accetta e talvolta si plaude l'assenza.

Perciò se da una parte la Parola di Dio soggettivamente interpretata può anche aprire spazi sentimentalmente vivi, o anche risorse di sacrifici particolari, la morale per gli uomini che vivono in una società è fissata dal potere reale. Allora la posizione dell'uomo, anche credente, di fronte al cristianesimo è impossibile che non ceda alla sua identificazione con i valori morali che la società sembra rendere ovvi.

Ed è così che la moralità diviene moralismo accanito: o il comportamento fluisce dal dinamismo intrinseco ad un avvenimento cui uno appartiene, oppure è una selezione arbitraria e pretenziosa di affermazioni fra cui dominano le scelte più pubblicizzate dal potere, e ad esse si è tenuti con scrupolo ad uniformarsi.

3) Indebolimento dell'unità organica del fatto cristiano

Diretta conseguenza della riduzione del cristianesimo a parola è anche lo sfuocarsi del nesso tra presente e passato, vale a dire lo sfuocarsi della unità organica, strutturale, propria di un fatto come quello cristiano. Si indebolisce il valore della storia, della tradizione e quindi di quella organicità dell'avvenimento cristiano che rende viva la vita della Chiesa. È come se un uomo adulto vivesse solo del presente, delle reazioni istintive o momentanee e obliterasse, per una strana malattia, o per una reazione negativa, il suo passato.

Tale illanguidimento dello spessore storico e vitale del fatto cristiano arriva sino al tentativo di svuotare il più possibile di contenuto il nesso con il fattore garante di quella organicità unitaria di cui parlavamo pocanzi, cioè con il Vescovo di Roma. In un certo allentarsi della sequela al Pontefice noto un altro riverbero di protestantesimo, che potremmo chiamare «congregazionalismo» – con un'espressione tratta dalla storia protestante – o «episcopalismo»: la Chiesa locale cioè avrebbe capacità sufficienti e autonome di fondare il rapporto dell'uomo con il Cristo, con il divino. Il primato reale del Vescovo di Roma è rarefatto e con esso anche l'unico ancoraggio adeguato del rapporto con Dio, che è il mistero della Chiesa nella sua totalità.

Già presentì questo pericolo Paolo VI, quando ancora era cardinale a Milano, e così si espresse in una lettera indirizzata al cardinal Cicognani prima dell'apertura del Concilio: «Questo Concilio dovrebbe, sempre al suo inizio, esprimere un atto unanime e felice di omaggio, fedeltà, amore ed obbedienza al Vicario di Cristo. Dopo la definizione del primato e dell'infallibilità del Papa, ci furono alcune defezioni, alcune incertezze e poi docili acquiescenze. Ora la Chiesa gode di riconoscere in Pietro e nel suo successore quella pienezza di poteri che sono il segreto della sua unità, della sua forza, della sua misteriosa capacità di sfidare il tempo e fare degli uomini una Chiesa. Perché il Concilio non lo deve dire?

Perché il Concilio non esprime questa acquisita certezza? Perché, dovendo poi discutere i poteri episcopali, non allontana da sé ogni tentazione e dagli altri ogni dubbio che si possa momentaneamente rimettere in questione la sovrana grandezza e solidità di quella verità? Anche su questo punto basterebbe un atto semplice e breve, ma solenne e cordiale».[2]

Occorre fare una nota. Una Chiesa «locale» non può stare di fronte ad una cultura dominante: può solo subirla. Una cultura può diventare dominante solo per valori che si pongano con forza o con pretesa di universalità. Una Chiesa locale, proprio in quanto delimitata, non può che essere presa nel gioco: i suoi valori universali sono quelli che essa attinge dalla «catholica», come si espresse Giovanni Paolo II nel discorso alla Chiesa italiana riunita con i vescovi e i suoi rappresentanti a Loreto (1985).

Ecco allora tre «cadute» che tendono a ridurre dall'interno il fatto cristiano, e in particolare il cattolicesimo, che lo smantellano dal di dentro, ne indeboliscono la lotta contro una mentalità per cui «Dio non c'entra con la vita».

Sono, lo abbiamo visto, il soggettivismo di fronte al destino, come concezione e come prassi; un moralismo accentuato di fronte ai valori esaltati dalla cultura dominante; l'indebolimento dell'unità viva del popolo di Dio con la sua tradizione e attorno al capo garante che è il Vescovo di Roma.

Si presenta così oggi svigorita l'organicità potente della Chiesa, quell'unità in cui sta il segno della presenza salvifica di Cristo. Diceva un teologo belga, Chantraine, scrivendo su un periodico: «Si è svuotata l'ontologia cristiana e sono rimaste le parole».

[2] Istituto Paolo VI, Notiz. n. 7, pp. 11-14.

CAPITOLO SECONDO

IL CRISTIANESIMO COME FATTO OGGETTIVO

L'annuncio nella storia

Se il cristianesimo vuole presentarsi in modo non ridotto al mondo contemporaneo deve proporre il Dio vivo, non il Dio dei morti o del pensiero umano. Il Dio vivo: che ha in mano il tempo e la storia, l'intelligenza e il cuore dell'uomo, e che solo può rispondere a quella nostalgia profonda che si è destata al punto da essere rilevabile anche come dato sociale.

Il Cristianesimo è l'annuncio di un Fatto, un Fatto buono per l'uomo, un Evangelo: Cristo nato, morto, risorto. Non è una definizione astratta, un pensiero interpretabile. La Parola di Dio – il Verbo – è un fatto accaduto nel seno di una donna, è diventato bambino, è diventato un uomo che ha parlato sulle piazze, ha mangiato e bevuto a mensa con gli altri, è stato condannato a morte ed ucciso. La parola di Dio è un fatto umano, pienamente umano.

Un brano dei *Quattro Quartetti* di Eliot dice:

«La curiosità degli uomini indaga il passato e il [futuro
E s'attiene a quella dimensione, ma comprendere
Il punto d'inserzione del senza tempo
Col tempo, è un'occupazione da santi...
E nemmeno un'occupazione, ma qualcosa ch'è dato
E tolto, in un annientamento di tutta la vita [nell'amore,
Nell'ardore, altruismo e dedizione».

Quando in una casa nasce un bambino, ai genitori, ai nonni, alla famiglia e agli amici è chiaro che è un fatto. Non si discute: occorre un nuovo letto, una nuova stanza, occorre pensare a come mantenere il nuovo arrivato, ci si preoccupa di nutrirlo, vestirlo, proteggerlo, ci si alza la notte se ha bisogno di noi. E la fisionomia della vita quotidiana si trasforma e cambia in forza di questo. Il cristianesimo è «fatto» allo stesso modo: è entrato nella storia come un bambino nella casa di due sposi. È un evento irriducibile, una presenza oggettiva che vuole raggiungere l'uomo provocandolo e giudicandolo, fino alla fine. Disse Gesù agli Apostoli dopo la sua resurrezione: «Ecco, io sono con voi tutti i giorni, sino alla fine del mondo».[1]

Il cristianesimo è un fattore drammaticamente decisivo per l'uomo solo se è riconcepito in questa sua originalità, in questa sua compattezza fattuale, la cui fisionomia era duemila anni fa quella d'un uomo singolare, ma già lui vivente aveva anche il volto di persone che si mettevano insieme e andavano, a due a due, a fare quello che lui faceva e aveva detto loro di fare, e poi si raccoglievano, tornando da lui. In seguito andarono in tutto il mondo allora conosciuto, come una cosa sola, per portare quel Fatto. Il volto di quell'uomo è oggi l'insieme dei credenti, che ne sono il segno nel mondo, o – come dice san Paolo – ne sono il Corpo, Corpo misterioso, chiamato anche «popolo di Dio», guidato come garanzia da una persona viva, il Vescovo di Roma.

Se il fatto cristiano non è riconosciuto e brandito in questa sua originalità, non serve se non ad essere un folto suggerimento di interpretazioni, di pensieri e magari anche di opere, ma accanto e più sovente in subordine rispetto a tutte le suggestioni di cui la vita si serve.

[1] Mt 28, 20.

Oggettività del cammino al destino

Di fronte perciò agli influssi protestantizzanti che abbiamo prima descritto, il cristianesimo riconcepito nella sua originalità strutturale per prima cosa afferma, in opposizione al soggettivismo di cui abbiamo parlato in precedenza, un'oggettività del cammino al vero. Il cammino dell'uomo verso la verità e il suo destino non è alla mercé di quello che egli pensa, o di quel che pensano altri, o della società in cui vive. È oggettivo: non si tratta di immaginare o inventare, ma di seguire.

Paul Claudel fa dire ad Anna Vercors di fronte al corpo morto della figlia Violaine: «Perché affannarsi tanto quando è così semplice obbedire?». Una realtà vivente da seguire, questa è la caratteristica propria del fatto cristiano. Ed è oggi la vita della Chiesa, che è, sì, lettura del Vangelo, della parola di Dio, ma interpretata dalla coscienza viva di un corpo vivente, guidato da una realtà vivente, il magistero, un corpo con un suo ritmo di tempo che scorre, che è la liturgia.

Il cammino al vero, nonostante tutta la sua fragilità, incoerenza, debolezza può essere per l'uomo pieno di pace, se è un seguire qualcuno, come decisione affettiva verso un destino che lo rende veramente uomo.

San Filippo Neri saggiamente usava far ripetere allo storico suo contemporaneo cardinal Baronio questa formula: *oboedientia et pax*, obbedienza e pace.

La moralità come grazia

Abbiamo visto che il moralismo è una adesione forzata, volontaristicamente accentuata, agli ideali di umanità approvati dalla cultura dominante. L'oggettività della strada al destino di fronte al moralismo proclama invece la Grazia. L'uomo diventa se stesso, cammina verso la sua realizzazione per una Grazia. Come agisce questa Grazia?

Esiste in natura una analogia illuminante. Domandiamoci come un bambino diventa uomo. Egli acquisisce la sua fisionomia, realizza la sua struttura, diventa grande con una personalità inconfondibile in forza di una osmosi continua dovuta al fatto di appartenere ad un avvenimento con una struttura, con un volto: la famiglia. Quanto più la famiglia ha una sua fisionomia, quanto più è cosciente e ricca di umanità, tanto più il bambino cresce con una personalità propria. Appunto l'esperienza di una continuità permette la diversificazione personale, il plasmarsi delle caratteristiche originali. È il paradosso mirabile che esprime la radice di quella unità sterminata che genera tutti gli uomini e ciascuno, che è il principio profondo della creazione.

Analogamente l'uomo cammina verso il suo destino, realizza se stesso, vivendo dentro quel «fatto» familiare che è la fraternità degli uomini in Cristo, degli uomini che si riconoscono e condividono i passi gli uni degli altri perché c'è Cristo tra loro.

In opposizione dunque al moralismo che riduce l'orizzonte dei valori umani ed obbliga ad un conformismo colpevolizzante, il cristianesimo, attraverso il porsi oggettivo del fatto che porta l'uomo al suo destino, ci propone la salvezza come grazia, cioè come qualcosa che è dato immanendo e perseverando in una realtà viva. Così anche l'uomo adulto si «salva», cioè cresce, si trova cambiato nel tempo, matura, si scopre sempre più immanente a Colui per cui è fatto, e a cui tutta la sua natura grida.

Restando dentro l'organicità concreta di quell'evento che ha fatto irruzione nella storia e che è oggi un popolo guidato – una «realtà etnica sui generis» diceva Paolo VI, come vedremo –, l'uomo si costruisce, diventa una creatura diversa. In verità, se uno non nasce da un popolo, cioè, se non fiorisce da una realtà sociale naturalmente fondata e organicamente identificata, avrà molta difficoltà per raggiungere una completezza dei suoi fattori: cosa potrà essere mai un uomo nato in provetta e allevato da un istituto statale?

CAPITOLO TERZO

DUE CARATTERISTICHE FONDAMENTALI DEL FATTO CRISTIANO

1) Fatto totalizzante

La prima caratteristica di una simile concezione del cristianesimo, cioè del cristianesimo come avvenimento, come evento strutturato, è che il fatto cristiano è totalizzante. E cioè suggerisce la sensibilità con cui si affrontano le cose della vita, genera anzi la percezione stessa delle cose, la concezione e la valorizzazione, e poi la progettazione e l'attuazione. Così come sottolineava Paolo VI nella sua *Evangelii Nuntiandi*, specie ai paragrafi 19 e 20.

Se Dio è un fatto tra noi è come se io ricevessi a casa mia un ospite di grande importanza: la casa resta mia, ma è sua; tutto ruota attorno a lui.

Se andiamo a rileggere il primo capitolo del Vangelo di Giovanni troveremo i primi accenni di rapporto con quella Presenza che ha totalmente investito le persone dei primi che hanno seguito Gesù: Giovanni stesso, Andrea, Simone, Filippo, Natanaele. L'incontro con Gesù è stato per loro un avvenimento che ha sconvolto la vita, l'ha riempita di un'esigenza totale, eliminando ogni spazio vuoto, ogni programma indipendente da Lui. Un Dio diventato uno di noi, fra noi, compagno della nostra vita, se non tendesse a determinare tutti i nostri pensieri, i nostri progetti e i nostri sentimenti; se non si concepisse con questa totalità, semplicemente non sarebbe più Dio.

Badiamo a notare che questa caratteristica totalizzante del fatto cristiano non ha nulla a che fare con la tentazione deduttivistica per cui si vorrebbe tentare di far derivare dal Vangelo una ricetta pronta per ogni particolare della vita. Ha a che fare invece con il fenomeno per cui ogni particolare della vita si trasforma radicalmente per un coinvolgimento totale del soggetto che vive nell'ambito di un fatto sconvolgente. La fede investe il soggetto e, cambiandolo, tende a cambiarne tutta l'esistenza nel dettaglio.

Romano Guardini ha una stupenda frase che bene definisce, a mio parere, che cosa si intende per fatto totalizzante: «Nell'esperienza di un grande amore tutto ciò che accade diventa un avvenimento nel suo ambito». È questa un'intensità sovrana della persona: ogni cosa si ripercuote in lei e assume un volto diverso.

Forse questo amore manca troppo alla cristianità di oggi?

Comunque è proprio quella fede totalizzante ciò che manca alla cristianità di oggi: non viene insegnata come vita. Così devitalizzato e illanguidito, il cristianesimo finisce col diventare pretesto a questa o quella sottolineatura che avrà il beneplacito della mentalità al potere.

2) La fede diventa cultura

Se la fede investe ogni flessione della vita umana, la fede diventa sorgente di cultura e di una cultura nuova: altrimenti non si incarna, e sarebbe come se non iniziasse la redenzione del presente storico. Giovanni Paolo II disse in un discorso al Meic: «Una fede che non diventi cultura sarebbe una fede non pienamente accolta, non interamente pensata, non fedelmente vissuta».

Cultura può essere definita come coscienza critica e sistematica della esperienza umana in sviluppo.

Ora, l'esperienza è l'impatto di un soggetto con la

realtà, la realtà che come presenza lo invita e lo interroga («lo problematizza»). Il dramma umano sta nella risposta a questa problematizzazione («responsabilità»), e la risposta è generata evidentemente nel soggetto.

La forza di un soggetto sta nella intensità della sua autocoscienza, cioè della percezione che ha dei valori che definiscono la sua personalità.

Ora, questi valori fluiscono nell'io dalla storia vissuta cui l'io stesso appartiene.

La genialità radicale di un soggetto sta nella forza della coscienza di appartenenza. Per questo il popolo di Dio diventa un orizzonte culturale nuovo per ogni soggetto che vi appartenga.

Non posso rinunciare a una nota.

L'educazione alla fede è educazione ad una capacità culturale.

Ma allora lo scopo di una scuola cristiana non dovrebbe essere innanzitutto lo sviluppo della coscienza di appartenenza dell'educando?

CAPITOLO QUARTO

IL FATTO CRISTIANO COME PRESENZA

Come è presente il fatto cristiano, o il Corpo di Cristo, o il popolo di Dio sì da rendere possibile, sperimentabile, operante l'appartenenza ad esso? Analogamente a quanto diceva la prima lettera di Giovanni:

«Ciò che noi abbiamo udito, ciò che noi abbiamo veduto con i nostri occhi, ciò che noi abbiamo contemplato e ciò che le nostre mani hanno toccato, ossia il Verbo della vita (poiché la vita si è fatta visibile, noi l'abbiamo veduta e di ciò vi rendiamo testimonianza e vi annunziamo la vita eterna che era presso il Padre e si è resa visibile a noi)...»[1].

Ecco la risposta: la presenza del Fatto cristiano sta nella unità dei credenti. Questo è il fenomeno più dimostrativo: questo è il *miracolo*, il *segno*. Quello che è umanamente impossibile, l'abolizione della estraneità e la nascita di una consanguineità nuova, proveniente non dalla carne, ma che implica anche la carne, questo miracolo Gesù lo ha definito come l'evidenza della sua divinità: «Come tu, Padre, sei in me e io in te, siano anch'essi in noi una cosa sola, perché il mondo creda che tu mi hai mandato».[2]

Ecco dunque il metodo proprio di quel Fatto per «convertire» il mondo: che questa unità sia resa visibile, dovunque. Senza questo non si sosterrebbe una religiosità cristiana.

[1] 1 Gv 1, 1-2.
[2] Gv 17, 21; cfr. Gal 3, 26-29.

Così affermava con vigore Paolo VI:

«Dov'è il "Popolo di Dio" del quale tanto si è parlato, e tutt'ora si parla, dov'è? Questa entità etnica "sui generis" che si distingue e si qualifica per il suo carattere religioso e messianico (sacerdotale e profetico, se volete), che tutto converge verso Cristo, come suo centro focale, e che tutto da Cristo deriva? com'è compaginato? com'è caratterizzato? com'è organizzato? come esercita la sua missione ideale e tonificante nella società, nella quale è immerso?

Bene sappiamo che il popolo di Dio ha ora, storicamente, un nome a tutti più familiare; è la Chiesa.

Questa non è teologia esoterica, inaccessibile alla mentalità comune del Popolo fedele; è la verità, altissima sì, ma aperta ad ogni credente e capace di ispirare quello stile di vita, quella "comunione di spirito", quella identità di sentimento, quel sentirsi solidali gli uni con gli altri, che infonde ad una "moltitudine di credenti un cuor solo e un'anima sola", com'era agli albori del cristianesimo. Deve crescere in noi quel senso della comunità, della carità, dell'unità, cioè della Chiesa una e cattolica, ossia universale. Deve affermarsi in noi la consapevolezza d'essere non solo una popolazione con certi caratteri comuni, ma un Popolo, un vero Popolo di Dio».[3]

Far emergere l'unità dei credenti là dove il credente si trova: è il palesarsi della «comunione» che avrà come frutto sperimentabile nel tempo una «liberazione», cioè una umanizzazione dell'ambiente più adeguata al destino dell'uomo.

Per il Fatto cristiano ha dunque un valore decisivo

[3] Paolo VI, Udienza generale del mercoledì, 23/7/1975.

anche la storia, nella sua concretezza di tempo e di spazio, di «circostanze» che veicolano il mistero dell'unità.

Nella Chiesa la concretezza storica attraverso cui Cristo e il Suo Spirito raggiunge l'uomo, lo provoca e lo educa, comunque abbia origine e qualunque forma assuma, corrisponde al fenomeno, caratterizzante questo tempo storico, che viene chiamato «movimento». In tal senso Giovanni Paolo II ebbe a dire: «La Chiesa è movimento».[4] Ed è ancora in tal senso che Giovanni Paolo II frequentemente parla di «movimenti» nei suoi discorsi.

Non è ai fattori storici che si obbedisce; è a Cristo. Ma non si obbedisce a Cristo se non attraverso i fattori storici «formati», plasmati del Suo Fatto.

Cristo si attua in noi e tra noi attraverso la nostra compagnia.

[4] Dal discorso pronunciato da Giovanni Paolo II in occasione del primo convegno internazionale «I movimenti nella Chiesa», promosso da «Luce e Vita» polacco e «Comunione e Liberazione» italiano, in A.A.V.V. *I movimenti nella Chiesa*, Jaca Book 1982, p. 14.

POST-SCRIPTUM

Es verdad ya. Mas fue
tan mentira, que sigue
siendo imposible siempre

(Juan Ramón Jiménez)

[Ora è vero.
Ma è stato così falso
Che continua ad essere impossibile.]

Quando uno intuisce il Fatto cristiano come vero, gli occorre ancora il coraggio di risentirlo possibile, nonostante le immagini negative alimentate dai modi angusti in cui esso è stato tradotto nella vita propria e della società.

SOMMARIO

5 *Nota introduttiva*

IL SENSO RELIGIOSO

PARTE PRIMA

11 Il fondo della questione

PARTE SECONDA

Conoscenza e mistero

17 Capitolo primo. Senso religioso e realtà
25 Capitolo secondo. Il segno
31 Capitolo terzo. Il Dio nascosto
35 Capitolo quarto. L'idolo

PARTE TERZA

Rivelazione

45 Capitolo primo. Abramo
52 Capitolo secondo. Gesù

PARTE QUARTA

Presenza e storia

63 Capitolo primo. Chiesa: presenza di Cristo
69 Capitolo secondo. Chiesa: opera di redenzione

LA COSCIENZA RELIGIOSA NELL'UOMO MODERNO

79 *Una premessa*

PARTE PRIMA

«È l'umanità che ha abbandonato la Chiesa?...»

83 Capitolo primo. Una dimenticanza nel percorso religioso dell'uomo

Il ponte fra l'uomo e il destino
Un fatto anomalo
Qualcosa è accaduto

88 Capitolo secondo. Come può essere accaduto

L'uomo come divo
Da dove vengono le energie dell'uomo?
L'uomo come Prometeo

95 Capitolo terzo. Dio, se c'è, non c'entra

Il laicismo
Conseguenze del laicismo

100 Capitolo quarto. La caratteristica più significativa della triplice eredità

L'ottimismo frustrato
Un episodio e una profezia

104 Capitolo quinto. Lo smarrimento culturale dell'uomo moderno

1. Angoscia di fronte all'enigmaticità del significato
2. Disperazione etica
3. Conseguenze antropologiche

Capitolo sesto. L'opzione

PARTE SECONDA

«...O è la Chiesa che ha abbandonato l'umanità?»

119 Capitolo primo. La protestantizzazione del cristianesimo

1. Il soggettivismo
2. Il moralismo
3. Indebolimento dell'unità organica del fatto cristiano

125 Capitolo secondo. Il Cristianesimo come fatto oggettivo

L'annuncio nella storia
Oggettività del cammino al destino
La moralità come grazia

130 Capitolo terzo. Due caratteristiche fondamentali del fatto cristiano

1. Fatto totalizzante
2. La fede diventa cultura

133 Capitolo quarto. Il fatto cristiano come presenza

Post-scriptum

Finito di stampare nel mese di luglio 1994
presso lo stabilimento Allestimenti Grafici Sud
Via Cancelliera 46, Ariccia RM

Printed in Italy

BUR
Periodico settimanale: 22 luglio 1994
Direttore responsabile: Evaldo Violo
Registr. Trib. di Milano n. 68 del 1°-3-74
Spedizione abbonamento postale TR edit.
Aut. n. 51804 del 30-7-46 della Direzione PP.TT. di Milano